21世纪应用型本科会计系列规划教材

U0674797

（第三版）

# ERP沙盘模拟实训教程

ERP Shapan
Moni Shixun Jiaocheng

胡洁　熊燕　主编

龙飞　王振博　副主编

东北财经大学出版社
Dongbei University of Finance & Economics Press

大连

**图书在版编目（CIP）数据**

ERP沙盘模拟实训教程/胡洁，熊燕主编．—3版．—大连：东北财经大学出版社，2021.4

（21世纪应用型本科会计系列规划教材）

ISBN 978-7-5654-4149-3

Ⅰ．E…　Ⅱ．①胡…②熊…　Ⅲ．企业管理-计算机管理系统-高等学校-教材　Ⅳ．F272.7

中国版本图书馆CIP数据核字（2021）第038022号

东北财经大学出版社出版

（大连市黑石礁尖山街217号　邮政编码　116025）

网　址：http://www.dufep.cn

读者信箱：dufep@dufe.edu.cn

大连雪莲彩印有限公司印刷　东北财经大学出版社发行

幅面尺寸：170mm×240mm　　字数：208千字　　印张：10.25

2021年4月第3版　　　　　　2021年4月第1次印刷

责任编辑：孙晓梅　　　　　　　　责任校对：肖　眉

封面设计：冀贵收　　　　　　　　版式设计：钟福建

定价：36.00元

# 第三版前言

ERP将先进的管理思想融入先进的信息技术中，从供应链角度优化企业资源，实现企业资源的最大化运用。ERP是信息时代企业合理调配资源的必然要求，这种具有高度整合性的管理思想突破了传统企业的管理手段和管理思路。然而，对于在校学生而言，由于其缺乏对实际业务流程的理解，加之管理实践不足，对于所学的管理理论与管理方法难以深刻领会和理解，因此，引入ERP沙盘模拟实训显得尤为必要。

"ERP沙盘模拟实训"课程将企业运营所处的内部环境和外部环境抽象为一系列规则，由学生组成相互竞争的模拟企业，通过模拟企业运营的关键环节，使学生在分析市场、制定战略、营销策划、组织生产、财务管理等一系列活动中了解企业的管理规律，对企业资源的管理过程有实际体验。这种体验式教学方式极大地提高了学生的学习兴趣和参与热情，也高效率地强化了学生对所学管理理论和知识的理解、拓展与应用。

本书是"ERP沙盘模拟实训"课程的教学用书。全书共分三篇：第一篇是基础篇，主要介绍"ERP沙盘模拟实训"课程，利用实物沙盘演练企业经营过程，让学生对该课程有初步的了解，适合初次接触该课程的学生使用；第二篇是新商战篇，主要讲解新商战实践平台的经营规则、学生端和教师端的使用，是为初次接触该课程的学生准备的；第三篇是实战篇，指导学生在特定的经营环境中完成企业模拟经营训练，学生将整个经营过程记录在相应的表格中，便于进行事前预算、事中控制和事后分析。

本书融合了编者多年从事相关课程教学的经验和ERP沙盘竞赛的心得，将专业理论知识与实践操作相结合，可以作为各类院校本专科学生"ERP沙盘模拟实训"课程的教材和参考用书。本次修订由胡洁、熊燕担任主编。第一篇由熊燕负责，第二、三篇由龙飞负责，胡洁对全书进行了修改和统稿，王振博对全书进行了校对。受编者学识和经验的限制，书中难免有疏漏之处，望读者批评指正。

编　者
2021年2月

# 目　录

# 第一篇 基础篇

本篇主要介绍ERP沙盘模拟的相关理论，运用ERP沙盘模拟工具让学生进行直观、生动的ERP实物沙盘演练，让学生通过实践掌握ERP沙盘模拟实训的经营过程，为新商战实践平台（简称"新商战"）的使用奠定坚实的基础。

# 第一章

# ERP沙盘模拟概述

在各种军事演练或工程建造过程中，我们常常可以看到一个用泥沙、兵棋和其他材料堆制的地形模型，人们利用这种模型可以直观地看清地形地貌、认清形势、规划方案，这种模型就是我们所说的沙盘。那么，沙盘是如何运用到企业的经营管理之中的呢？

## 第一节　ERP沙盘模拟的含义

### 一、什么是沙盘

沙盘是根据地形图、航空拍照或实际地形，按一定的比例关系，用泥沙、兵棋和其他材料堆制的模型。相传最早的沙盘雏形出现在秦始皇灭六国时，在连年的战争中，为了研究各国复杂的地形，秦国人利用沙石模拟出实际地形地貌，从而使人不需亲临现场，也能制定决策，运筹帷幄。

沙盘具有立体感强、形象直观的特点。古代沙盘多用于军事训练，主要供指挥员研究地形和作战方案以及演练战术。在现代，沙盘也被广泛地应用于心理治疗、交通、水利、电力、公安、国土资源、旅游以及房地产销售等行业和领域。

按照表现方式不同，沙盘可以分为地形沙盘、建筑沙盘、电子沙盘。电子沙盘又分为三维电子沙盘、声光电子沙盘和多媒体触控沙盘，是以语音、文字、图片和视频图像等多媒体形式配合同步展示沙盘中的各类相关信息，达到全方位、互动式的多媒体展示效果。

### 二、什么是ERP沙盘模拟

ERP沙盘模拟即企业资源计划沙盘模拟，起源于瑞典，是针对代表先进的现代企业经营与管理技术的ERP所设计的角色体验的实验平台。也就是说，ERP沙盘模拟以某个企业为模拟对象，将企业运营所处的内外部环境抽象为一系列规则，把企业实际运营的关键环节，如战略规划、资金筹集、市场营销、产品研发、生产组织、物资采购等活动在手工沙盘或电子沙盘中进行模拟运作。

（一）ERP的含义

ERP（Enterprise Resource Planning）即企业资源计划，它以管理会计思想为核心，主要宗旨是对企业所拥有的人、财、物、信息、时间和空间等资源进行综合平衡和优化管理，协调企业各管理部门，以市场为导向开展业务活动，提高企业的核心竞争力。企业内部资源包括厂房、设备、物料以及资金和人力资源等，企业外部资源则包括企业上游的供应商和下游的客户等。企业要获得持续的发展，对资源的合理规划与运用是关键中的关键。企业资源计划的实质就是如何在资源有限的情况下，合理组织企业的生产，力求实现利润最大、成本最低。可以说，企业的生产经营过程就是对企业资源的管理过程。企业资源计划就是针对企业的物资资源管理、人力资源管理、财务资源管理、信息资源管理的各个环节，把企业的物流、人流、资金流、信息流统一起来进行管理，将客户需要和企业内部的生产经营活动以及供应商的资源整合在一起，为企业决策层提供参谋，以降低产品成本、提高作业效率及合理运营资金。

ERP就是将企业的财务、采购、生产、销售、库存和其他业务功能整合到一个信息管理平台上。它将信息技术与先进的管理思想结合起来，将企业资源的合理调配融入企业资源的管理过程中，从而实现各部门信息数据的标准化、整个企业系统运行的集成化、各项业务流程的合理化；同时，企业管理者对各部门、所有人员的绩效能够动态监控，以持续改善企业的各项管理工作。

（二）ERP沙盘模拟

1978年，瑞典皇家理工学院的科拉斯·梅兰（Klas Mellan）开发了一门课程——企业运营沙盘仿真实验，它是针对"代表先进的现代企业经营与管理技术的ERP"设计的角色体验的实验平台。ERP沙盘模拟以某个企业为模拟对象，模拟该企业运营的关键环节：战略规划、资金筹集、市场营销、产品研发、生产组织、物资采购、设备投资与改造、财务核算与管理等。

在模拟过程中，企业运营所处的内部和外部环境被抽象为一系列规则，学生分为若干个小组，形成相互竞争的企业，这些模拟企业在同一个市场环境里开展一定年度的经营活动。模拟过程让学生对企业资源的管理过程有实际的体验，在分析市场、制定战略、营销策划、组织生产、财务管理等一系列活动中，了解企业的管理规律，提升学生进行企业管理的能力。ERP沙盘模拟的最大特点是采用体验式教学方式，在体验式教学过程中实现了学生对所学知识的巩固、拓展与应用。

# 第二节 ERP 的发展历程

ERP是从MRP（Material Requirements Planning，物料需求计划）发展而来的新一代集成化管理信息系统，它建立在信息技术的基础上，以系统化的管理思想，为企业决策层及员工提供决策运行手段的管理平台，其核心思想是供应链管理。这种具有高度整合性的管理思想突破了传统企业的管理手段和管理思路，从供应链角度优化企业资源，最大化地实现企业资源的运用。所以，ERP有助于明确企业的业务流程，提高企业的核心竞争力，达成企业的管理目标。要讲清楚ERP原理，我们首先要了解ERP的发展过程。

## 一、国外 ERP 的产生和发展

从国外ERP的产生和发展来看，最早可追溯到20世纪40年代，当时为了解决库存控制问题，在存货管理中提出了订货点法，那时电子计算机还没有出现。到了20世纪60年代，随着电子计算机的出现，短时间内对大量数据的复杂运算成为可能。人们为了解决订货点法的缺陷，提出了MRP理论，形成了一种库存订货计划——MRP，即进入了物料需求计划阶段或称基本MRP阶段。

在电子计算机技术迅速发展的20世纪70年代，MRP理论范畴得到了迅速发展，为解决采购、库存、生产、销售管理，产生了生产能力需求计划、车间作业计划以及采购作业计划理论，形成了新的生产计划与控制系统，即进入了闭环MRP阶段（Closed-loop MRP）。在此阶段，出现了TQC（全面质量管理）和JIT（准时制生产）这两大具有里程碑意义的管理思想。

进入20世纪80年代，随着计算机网络技术的发展，企业内部信息得到充分共享，MRP的各子系统也得到了统一，形成了一个集采购、库存、生产、销售、财务、工程技术等为一体的子系统，这是一种企业生产经营管理信息系统，即进入了MRP II 阶段。这一阶段的代表技术是CIMS（计算机集成制造系统技术）。

进入20世纪90年代，随着市场竞争的进一步加剧，企业竞争空间与范围进一步扩大，MRP II 理论"主要面向企业内部资源全面计划管理"的思想逐步发展成为"怎样有效利用和管理整体资源"的管理思想，ERP随之产生。ERP是由美国加特纳公司在20世纪90年代初首先提出的，当时的解释是根据计算机技术的发展和供应链管理的需要，推导各类制造业在信息时代管理信息系统的发展趋势和变革。

## 二、我国ERP的产生和发展

从我国ERP的产生和发展来看，自1981年沈阳第一机床厂从德国工程师协会引进第一套MRP II 软件以来，MRP II /ERP在中国的应用经历了从起步、探索到逐步成熟的历程。20世纪80年代，中国刚进入市场经济转型阶段，企业的劳动生产率低、库存储备资金占用多、设备利用率低等各种问题凸显出来。为了改变这种落后状况，我国机械工业系统中的一些企业先后从国外引进了MRP II 软件，但当时引进的国外软件开放性差、通用性差、操作复杂，同时又缺少相应的配套技术支持与服务，运用这套系统取得的成效与当初花费的巨大投入所期望的效果有很大的差距。

到了20世纪90年代，MRP II /ERP在中国的应用与推广逐渐取得了较好的成效。随着改革开放的不断深化，我国的经济体制从计划经济向市场经济转变，中国企业已进入体制转变和创新阶段，有积极地革新企业管理制度和方法的迫切愿望。同时，随着信息技术的发展、国外软件的本地化工作的完成，软件系统的通用性和开放性都使得MRP II 的应用向更深程度、更广范围发展。

从1997年到21世纪初，ERP在我国的应用范围从制造业拓展到第二、三产业。在与世界经济越来越"接轨"、财务制度越来越"趋同"的全球经济一体化时代，我国企业面临着越来越激烈的竞争环境，ERP由于具有更多的功能而逐渐被各个企业所青睐。它具有投资管理、风险分析、企业信息集成、获利分析、销售分析、市场预测、决策信息分析、售后服务与维护、全面质量管理、物流管理、人力资源管理、项目管理以及利用互联网实现电子商务等MRP Ⅱ 不具备的功能，企业能利用这些功能扩大经营管理范围，紧跟瞬息万变的市场动态。

在我国自主研发的ERP软件中，占市场主要份额的代表软件是"金蝶"和"用友"。这得益于它们原有财务软件升级的客户群与多年维护的强大市场渗透力，其产品在分步实施、软件结构及接口的开放度、数据转换等方面容易被客户接受，并且软件价格和实施费用较低。我国自主研发的软件在功能的完善与成熟方面同国外知名ERP软件尚存在差距。国外的主要供应商提供的ERP软件在行业版本、软件功能的完善、实施能力等各方面都有明显优势，但这些软件并不适合中国的国情，其接口的开放度、数据转换、软件价格和实施费用等不容易被国内企业接受。目前，不论是使用国产ERP软件还是国外ERP软件，企业在实施ERP时都存在不少问题与难题。多数企业未能把业务流程的优化重组与实施ERP有效地结合起来，只是用电子计算机代替了原有的手工操作，使ERP的功能难以全面发挥。

# 第三节　ERP沙盘模拟的基本思路和重要性

## 一、ERP沙盘模拟的基本思路

ERP的发展其实就是管理思想的发展，它建立在信息技术基础上，采用系统化、结构化的思想，将企业的财务、采购、生产、销售、库存和人力资源管理等功能整合到一个信息管理平台上，从而为企业决策层及各个部门提供决策运行手段。ERP是从MRP发展而来的，其核心思想就是供应链管理，强调的是企业各部门、各环节之间整个供应链上的人、财、物等所有资源及其流程的管理。

（一）从企业运营的过程来看，ERP强调事先的预测和规划

ERP中的计划体系主要包括生产计划、物料需求计划、能力需求计划、市场预测等。通过召开新年度规划会议的形式，各个部门在相互协调的基础上做好本部门职能范围内的预测和分析。

1.营销总监考虑的内容包括：企业根据未来市场行情，应该生产什么产品、通过什么渠道销售、计划在什么地区销售、各产品在各地区的分布比例如何、是否需要进行促销活动，以及产品在上一年度的市场排名情况，预计自己在各个市场的订单获取情况，估算出大致的销售量和营销费用（广告费）。

2.生产总监应对各条生产线的产能做出规划和安排。由于生产计划是沟通企业前方市场、销售环节和后方物资供应的重要一环，因此，生产总监要根据订单情况和现有的生产能力来考虑生产什么、生产多少、何时生产，计算出交货期以及企业能按时交货的出货量，避免因生产延误导致企业受损。与此同时，生产总监还要考虑物料需求计划和库存情况，以保证生产的及时性。

3.采购总监根据生产计划需要考虑3个问题：采购什么？采购多少？何时采购？采购计划的制订与物料需求计划直接相关，并关系到主生产计划。根据主生产计划，减去产品库存，再按照产品的BOM（Bill of Material，物料清单）结构展开，

就能知道满足生产需要哪些物料、哪些可以自制、哪些必须委外加工、哪些物料需要采购等。明确了采购项目后，还要计算采购量，要做到"既不出现物料短缺，又不出现库存积压"。

4.财务总监应对全年的资金情况做出预算安排。企业在市场上生存下来的基本条件有两个：一是以收抵支；二是到期还债。这从另一个角度告诉我们，如果企业出现资不抵债或资金断流，就将宣告破产。企业生产经营的每一步都需要资金作为保障。成本费用的支付需要资金、各项投资需要资金、到期还债需要资金，如果没有准确详尽的资金预测，企业管理者很快就会焦头烂额、顾此失彼。因此，每年年初的现金预测是非常必要的，它可以使企业管理者运筹帷幄，提前对营销费用、生产费用、采购费用进行考量和预测，并做好到期银行贷款的归还、应收账款的回笼，防止资金断流、资不抵债。

5.如果产能不够，企业总经理还要从企业发展的战略角度全盘考虑追加固定资产投资，新建厂房和生产线，进行扩大再生产。这些都需要从企业长远发展的角度对资金进行规划和安排。如果生产能力剩余，企业则应培育更广泛的市场，需要提前进行市场开拓，获取相应的市场准入证；提前进行产品研发，取得相应的产品生产资格证；提前进行高端市场环境所需要的ISO认证，尽早完成国际认证，包括ISO9000质量认证和ISO14000环境认证。

（二）从企业运营的过程来看，ERP还强调事中的控制

ERP是从MRP发展而来的集成化管理信息系统，企业接到订单后，就开始进行一系列生产运营活动。

1.营销总监在年初参加订货会，按照市场地位、广告投放、竞争态势、市场需求等情况争取客户订单。在争取客户订单时，应以企业的产能、设备投资计划等为依据，避免接单不足，使设备闲置；或是盲目接单，导致无法按时交货，引起企业信誉降低从而被迫接受罚款。客户的订单相当于客户与企业签订的订货合同，营销总监取得订单后，负责将订单登记在"订单登记表"中，支付广告费，财务总监应记录支出的广告费。到期时，营销总监按照订单数量整单交货给客户，登记该批产品的成本，并做好应收账款或现金的收缴工作。如果产能计算有误，营销总监可以考虑向其他企业购买产品，财务总监做好收支记录。营销总监通过对市场环境的分析，考虑是否进行新市场开拓以及ISO认证投资、是否向财务总监申请相关开发费用。

2.财务总监于每一季季初盘点现金库中的现金，记录现金余额。其工作内容包括：更新短期、长期贷款，支付利息，归还到期的银行贷款，更新应收、应付账款并做好现金收支记录。在资金出现缺口且不具备银行贷款的条件下，可以考虑应收账款贴现。财务总监还要定期支付为维持正常经营所必要的差旅费、人员工资、招待费等管理费，支付维修费等其他现金开支；期末做好设备折旧、现金对账等工作；年终进行盘点，编制利润表和资产负债表。

3.采购总监根据年初制订的采购计划，决定所采购原料的品种及数量，下原料

订单。供应商按照合同要求发出的货物运抵企业时，企业必须无条件接受货物并支付原料款。采购总监将原料从订单状态转至企业原料库中，并向财务总监申请原料款，支付给供应商。新产品上线时，原料库中必须备有足够的原料，否则需要停工待料。当然，采购总监也可以考虑向其他企业购买原材料，但价格可能高于正常的原料采购价格。所以，采购总监还是应该提前订货、及时采购。

4.生产总监负责管理各生产线上的在产品的生产更新和完工入库。如果有新产品投产上线，生产总监要向财务总监申请产品的生产费用以及向原料库领取生产物资，投放在空余的生产线上。当生产能力不足时，生产总监应考虑投资新生产线，在该生产线安装周期的每个季度向财务总监申请建设资金（建设资金额度=设备总购买价值/安装周期），财务总监做好现金收支记录。当生产线上的在产品完工后，企业可以变卖生产线或进行生产线转产，生产总监按季度向财务总监申请并支付转产费用，财务总监做好现金收支记录。除此之外，如有需要，生产总监还应按照年初制订的产品研发计划，向财务总监申请研发资金，进行相关产品的研发投资工作，取得相应产品的生产资格证。

## 二、ERP沙盘模拟的重要性

沙盘模拟作为一种体验式教学方式，是继传统教学及案例教学之后的一种教学创新模式。借助ERP沙盘模拟，学生可以强化管理知识、训练管理技能、全面提高自己的综合素质。沙盘模拟教学融理论与实践于一体、集角色扮演与岗位体验于一身，可以使学生在参与、体验中完成从知识到技能的转化。

（一）多方位拓展知识体系

ERP沙盘模拟是对企业经营管理的全方位展现，它需要学生综合运用自己学习过的各种管理思想和财务知识与技能。通过ERP沙盘模拟体验，学生将学过的理论知识融入实践之中并在以下几方面获益：

1.战略管理。成功的企业一定有明确的企业战略，包括产品战略、市场战略、竞争战略及资金运用战略等。从最初的战略制定到最后的战略目标达成，经过几年的模拟，经历迷茫、挫折、探索，学生将学会用战略眼光看待企业的业务和经营，保证业务与战略相一致，在未来的工作中更多地获取战略性成功而非机会性成功。

2.营销管理。市场营销就是企业用价值不断满足客户需求的过程。企业所有的行为、所有的资源，无非要满足客户的需求。通过模拟企业几年中的市场竞争，学生将学会如何分析市场、关注竞争对手、把握消费者需求、制定营销战略、定位目标市场、有效实施销售计划，最终达成企业的战略目标。

3.生产管理。在沙盘模拟过程中，把企业的采购管理、质量管理统一纳入生产管理领域，则新产品的研发、物资的采购、生产运作管理、品牌建设等一系列决策问题就自然而然地呈现在学生面前，它跨越了专业分隔、部门壁垒，学生将充分运用所学知识，积极地思考，在不断的成功与失败中获取新知。

4.财务管理。在沙盘模拟过程中，团队成员将熟练地掌握资产负债表、利润表的结构，了解资本流转如何影响损益，掌控企业经营的全局，预估长短期资金的需求；以最佳方式筹资，控制融资成本，提高资金使用效率，理解现金流对企业经营的影响。

5.人力资源管理。从岗位分工、职位定义、沟通协作、工作流程到绩效考评，在沙盘模拟中，每个团队经过初期组建、短暂磨合，逐渐形成团队默契，完全进入协作状态。在这个过程中，各自为战导致的效率低下、无效沟通引起的争论不休、职责不清导致的秩序混乱等情况，可以使学生深刻地理解局部最优不等于总体最优的道理，学会换位思考；明确只有在组织的全体成员有共同愿景、朝着共同的绩效目标努力、遵守相应的工作规范、彼此信任和支持的氛围下，企业的经营才能取得成功。

6.基于信息管理的思维方式。通过ERP沙盘模拟，学生将真切地体会到构建企业信息系统的紧迫性。企业信息系统如同飞行器上的仪表盘，能够时刻跟踪企业的运行状况，对企业业务运行过程进行控制和监督，及时为企业管理者提供丰富的可用信息。通过沙盘模拟信息化体验，学生可以感受到企业信息化的实施过程及关键点，从而合理规划企业信息管理系统，为企业信息化做好观念和能力上的铺垫。

（二）全面提高学生的综合素质

除了上述知识能力的拓展外，ERP沙盘模拟作为企业经营管理仿真教学系统，还有利于对学生进行综合素质训练。它集角色扮演与岗位体验于一身，可以使学生在参与、体验中提高以下几方面的素质：

1.树立共赢理念。市场竞争是激烈的，也是不可避免的，但竞争并不意味着打败同行对手，寻求与合作伙伴之间的双赢、共赢才是企业发展的长久之道。这就要求企业知彼知己，在市场分析、竞争对手分析上做足文章，在竞争中寻求合作，企业才有无限的发展机会。

2.全局观念与团队合作。通过ERP沙盘模拟课程的学习，学生可以深刻体会到团队协作精神的重要性。在企业运营这艘"大船"上，总经理是舵手，生产总监、采购总监、财务总监保驾护航，营销总监冲锋陷阵。在这里，每个角色都要以企业发展最优为出发点，各司其职，相互协作，这样才能赢得竞争，实现目标。

3.保持诚信。诚信是一个企业的立足之本、发展之本。诚信原则在ERP沙盘模拟课程中体现为对"游戏规则"的遵守，如市场竞争规则、产能计算规则、生产设备购置以及转产等具体业务的处理要求。保持诚信是学生立足社会、发展自我的基本素质。

4.个性与职业定位。每个个体因为拥有不同的个性而存在差异，这种个性在ERP沙盘模拟中会显露无遗。不同学生有不同的性格，或大胆激进，或稳重仔细，或缺乏独立精神，这些特点会体现在企业模拟运营过程的每一步中。因此，通过ERP沙盘模拟运营，每个学生都能了解自己的个性特点，找到与自己性格匹配、能够胜任的角色，或是取长补短以完善自我。

5.感悟人生。面对激烈的市场竞争和企业经营风险，是"轻言放弃"还是"坚持到底"，这不仅是一个企业面临的问题，更是一个人需要抉择的人生问题。

　　在ERP沙盘模拟中，学生将经历一个从理论到实践再到理论的上升过程，把自己亲身经历的宝贵实践经验转化为全面的理论模型。学生借助ERP沙盘推演自己的企业经营管理思路，每一次基于现场的案例分析以及基于数据分析的企业诊断，都会使学生受益匪浅，达到磨炼商业决策敏感度、提升决策能力及长期规划能力的目的。

# 第二章 ERP沙盘模拟课程简介

ERP沙盘重点展示企业的内部资源，包括厂房、设备、仓库、库存物料、资金、职员、订单、合同等；同时也展示企业的外部资源，包括企业上下游的供应商、客户和其他合作组织，甚至设置"为企业提供各种服务的政府管理部门和社会服务部门"等。因此，ERP沙盘模拟实训可以让参与者在一定环境和一定资源下组织企业生产、制定相关决策。

## 第一节 ERP沙盘模拟课程概述

一般来讲，ERP沙盘模拟实训有6~12张盘面。1张盘面代表1个独立的企业，每个盘面分为营销与规划中心、生产中心、物流中心、财务中心和信息中心。每个企业可由5名成员组成，分别担任总经理、营销总监、财务总监、生产总监、采购总监5个角色。企业经营时间为5~7年，每个企业必须依照竞争规则，参加订货会、购买原材料、开发新产品、生产产品以及按时交货等，每年经营活动结束后都要及时编制资产负债表和利润表，反映企业的财务状况和经营成果。

该课程的目的是培养学生的分析能力、想象能力、分辨能力、独立思考能力、决策能力、团队合作精神等，提高学生的综合业务素质。本课程讲解分为实物沙盘讲解和电子沙盘讲解。实物沙盘由1张盘面和沙盘工具共同组成，电子沙盘则是在计算机中实现企业模拟经营。下面介绍实物沙盘的基本情况，电子沙盘的相关内容则在第二篇中重点介绍。

### 一、实物沙盘的基本情况

以1个班为单位，30~50人，分成6~12个组，每组4~5人。每个组代表1个独立的企业，这6~12个企业构成了一个特定的市场。在特定市场中，企业之间是竞争关系，在市场中争夺有限的订单，实现销售，获得收入，用以弥补企业发生的费用。

实物沙盘由1张盘面和沙盘工具组成。实物沙盘的盘面代表1个独立的企业，每个企业设有5个部门：营销与规划中心、生产中心、物流中心、财务中心和信息中心，图2-1是沙盘盘面的全图。沙盘工具代表企业的资源，如厂房、生产线、现金、原材料或者产成品等。另外，在ERP沙盘模拟实训中，以季度（Q）为经营时间单位，1年分成4个季度。

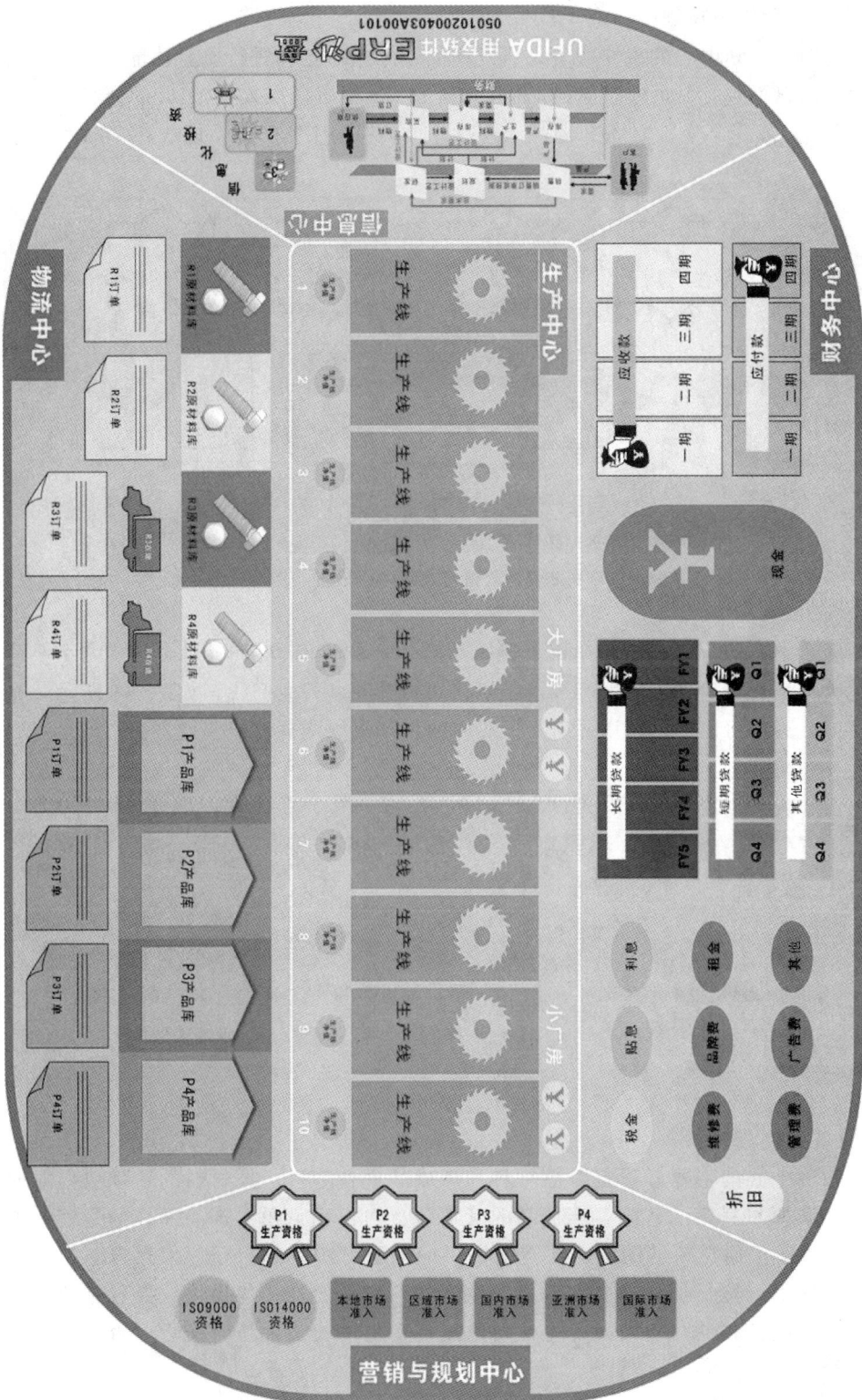

图 2-1　沙盘盘面全图

（一）营销与规划中心

营销与规划中心的主要职责是研发产品、开拓市场和进行质量认证。营销与规划中心的盘面包括P系列产品的4种生产资格、5种市场准入及2个ISO资格，如图2-2所示。如果某企业具备P1生产资格，则可以将P1生产资格证放在"P1生产资格"处。

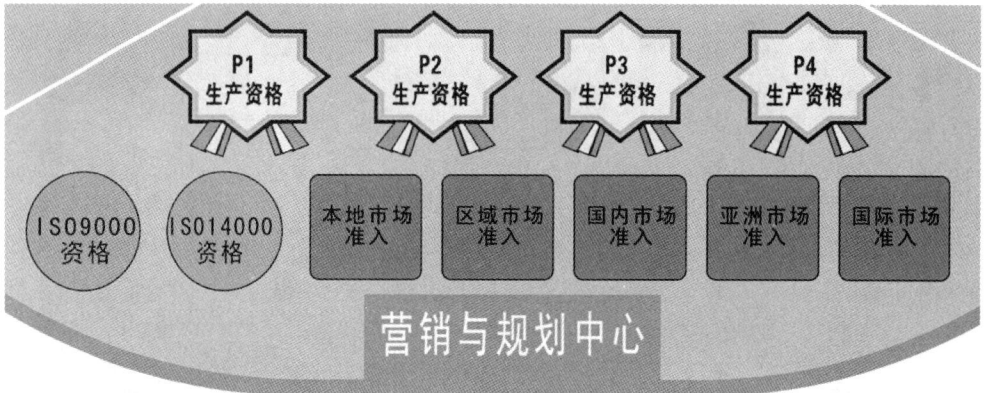

图2-2　营销与规划中心设置

（二）生产中心

生产中心的主要职责是生产产品。生产中心的盘面包括1个大厂房和1个小厂房，大厂房可以容纳6条生产线，小厂房可以容纳4条生产线，如图2-3所示。企业可以购买厂房也可以租用厂房，厂房内的生产线须购买才能获得，生产线上可以放置在产品。

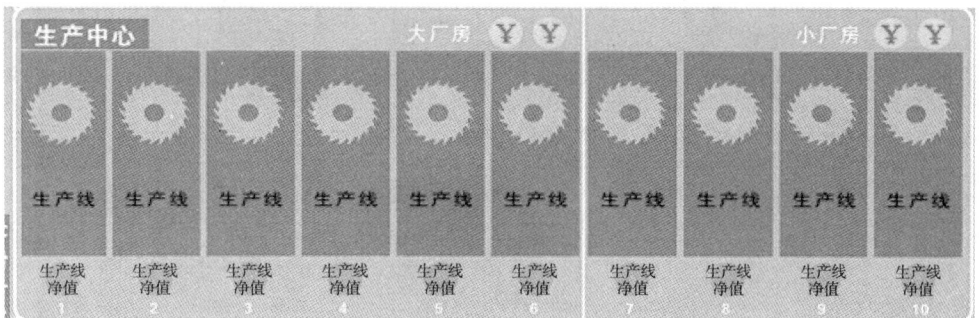

图2-3　生产中心设置

（三）物流中心

物流中心的主要职责是对原材料和产成品进行管理。原材料的管理包括对原料订单和原材料库的管理，产成品的管理包括对产品订单和产品库存的管理，如图2-4所示。原材料的购买需要提前向供应商下订单，如果企业库存告急，可紧急向供应商采购，但价格翻倍。企业生产的产品是否能销售出去，要看企业年初在订货会上获得的订单情况。企业要依据订单上的交货期按时交货，否则将支付违约金。

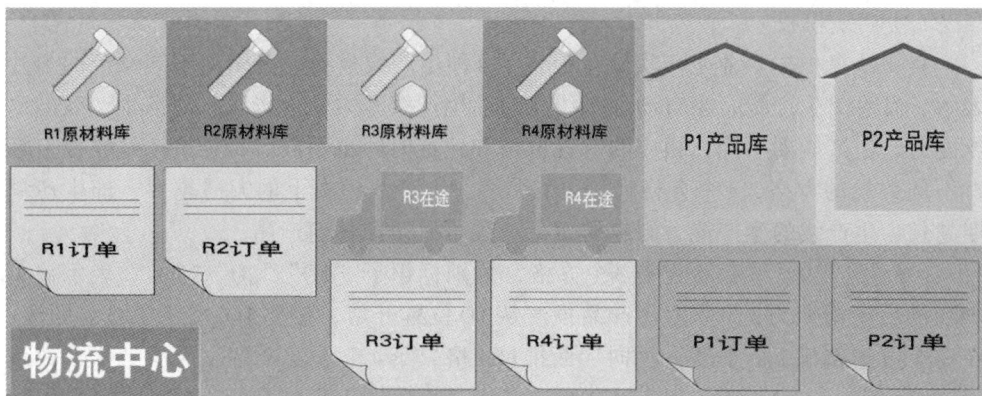

图2-4 物流中心设置

（四）财务中心

财务中心的主要职责是财务管理和费用管理。财务管理包括现金的管理，应收款、应付款、长期贷款、短期贷款、其他贷款的管理。费用管理主要包括税金、贴息、利息、广告费、维修费、折旧、管理费、其他等综合费用的管理，如图2-5所示。

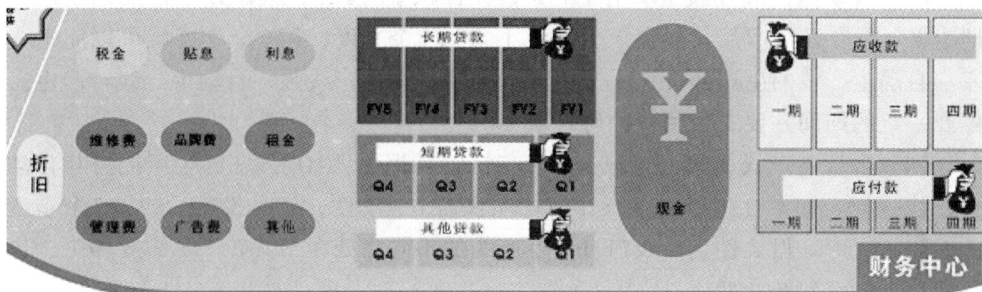

图2-5 财务中心设置

企业按订单要求交货即可取得现金或者应收账款。企业若资金缺乏，可以向银行申请长期贷款或者短期贷款。长期贷款以年为单位，最长可借5年；短期贷款以季度（Q）为单位，最长可借1年。长期贷款与短期贷款在盘面上位置越接近现金，还款期越早。应收账款以季度（Q）为单位，最长的账期为4Q。企业在经营过程中发生的各种费用会在财务中心反映出来。

（五）信息中心

在ERP沙盘模拟实训中，信息中心不作为企业的具体部门，仅表示企业经营流程。

（六）沙盘工具

在ERP沙盘模拟实训中，除了盘面，还需要沙盘工具来代替生产线、货币、原材料和产成品等企业的内部资源。生产线是以卡片形式来表示的，原材料、产成品是以不同颜色的彩币来表示的。

1.生产线模板

实物沙盘根据企业生产实际，提供了4种生产线模板，分别用不同颜色的卡片表示，有手工生产线、半自动生产线、自动生产线和柔性生产线。每条生产线的生产能力、生产周期不同，相应的购置价格和建造时间也不同。每种生产线模板上标有不同数量的方格，1个方格代表1个季度。生产线模板上的方格越多，即生产周期越长，生产线的生产能力则越弱。生产线可以生产任何产品。

（1）手工生产线模板上有3个方格，分别标识了"1Q""2Q""3Q"，表示该生产线的生产周期为3个季度。产品投产从1Q位置开始，按照1Q、2Q、3Q的顺序，在每个方格待满1个季度，再向后面推进1格，第4个季度产品放入产品库，即表示该产品完工入库。手工生产线的生产能力最弱，购入价格最低，但是它可自由转产且不需要支付任何转产费用。

（2）半自动生产线模板上有2个方格，分别标识了"1Q""2Q"，表示该生产线的生产周期为2个季度，在产品要在该生产线上待满2个季度，第3个季度完工入库。半自动生产线的生产能力和购入价格仅高于手工生产线，但半自动生产线转产时，要停产一定期间并要支付一定的转产费用。

（3）自动生产线模板上只有1个方格，标识了"1Q"，表示该生产线的生产周期为1个季度，在产品只要在该生产线上待满1个季度，第2个季度就可以完工入库。自动生产线的生产能力比手工生产线和半自动生产线强，自动生产线转产也需停产一定的期间并要支付相应的转产费用。

（4）柔性生产线模板上也只有1个方格，标识了"1Q"，它的生产能力与自动生产线一样，即柔性生产线生产任何产品仅需1个季度，产品投产后的第2个季度就能完工入库。但柔性生产线与自动生产线的不同之处在于其转产不需要停工，也不需要支付任何转产费用。

2.产品标识

在实物沙盘中，4种生产线可以生产任何1种产品，但在生产线建成时需要标明该生产线生产何种产品。因此，产品标识放在生产线下方，用于说明已建成的生产线生产什么产品。实物沙盘中提供了4种产品的标识，即P1产品、P2产品、P3产品、P4产品。生产线只能生产当前产品标识表示的产品，要生产其他产品需要转产，有的生产线转产不仅要停产改造而且会发生转产费用。

3.订单

订单是企业从订货会上取得的销售订单。企业年初投放广告后可参加年初的订货会，在订货会上取得订单。订单上会标明该笔订单的交货时间、数量、单价和金额，以及应收账款的账期。根据订单的要求，企业在规定时间之前生产出相应的产品销售给客户，按订单上的金额获得销售收入，弥补当期发生的各种成本和费用。订单是企业计算当年销售额的重要依据。

4.灰币

灰币表示货币，1个灰币表示100万元（简称1M，M代表单位"百万元"），1

桶可以容纳20个灰币，因此1桶灰币表示2 000万元现金，即20M，如图2-6所示。

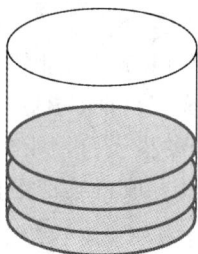

图2-6　灰币

5.彩币

彩币分为红、黄、蓝、绿4种颜色，分别代表R1原材料、R2原材料、R3原材料、R4原材料。1个彩币代表的原材料价值是100万元，与1个灰币的价值相当，如图2-7所示。

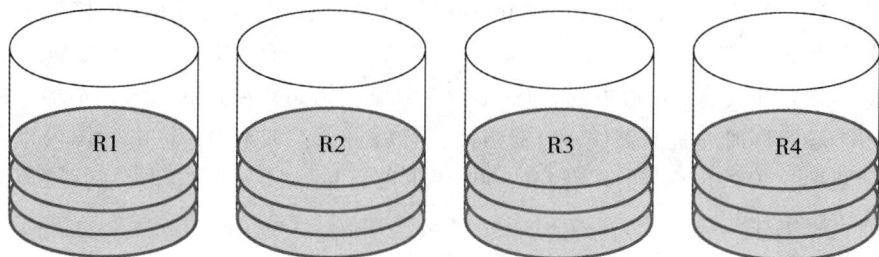

图2-7　彩币

6.在产品/产成品

同一种产品的在产品与其产成品的表示方式相同。

假设生产1个P1的成本是1个R1原材料和1M的加工费，那么表示P1由1个R1和1个灰币组成，放在空桶中。当P1放在生产线上时，表示P1为在产品；当P1放在P1仓库中时，则表示P1为产品。

假设P2的成本是1个R1原材料、1个R2原材料和1M的加工费，那么P2由1个R1、1个R2和1个灰币组成，放在空桶中。当P2放在生产线上时，表示P2为在产品；当P2放在P2仓库中时，则表示P2为产品。

由于每个企业每种产品的材料构成不同，即产品的BOM不同，因此应根据企业当时所生产的不同产品的需求来预订、购买原材料，并进行产品生产和产品成本的计算。

7.空桶

空桶在ERP沙盘模拟实训中也是有实际意义的。空桶除了可以装灰币和彩币外，还可以表示原料订单和长期、短期贷款。

当1个空桶放在原料订单处时，代表1个原料订单；当原料订单很多时，则可以将原料订单数量写在白纸上，然后将其放在空桶中，代表当前原料订单的数量。

当空桶放在长期贷款或者短期贷款的任何期间时，代表企业的贷款余额，1个空桶代表2 000万元（即20M）。

8.产品生产资格证

在实物沙盘中，企业可以生产4种产品，因此沙盘工具提供了4种产品的生产资格证，即P1生产资格证、P2生产资格证、P3生产资格证和P4生产资格证。企业想取得产品生产资格证需要有资金的投入。企业若拥有某个产品的生产资格证，就可以生产该产品；相反，企业若没有取得某产品的生产资格证，就不能生产该产品，否则视为违规。

9.市场准入证

实物沙盘提供了5种市场准入证，即本地、区域、国内、亚洲和国际市场准入证，每个市场准入证的取得都需要投入一定的资金。企业拥有某市场准入证，就可以在该市场投放广告，取得该市场的订单。

10.ISO9000/ISO14000资格证

实物沙盘提供了ISO9000和ISO14000两种资格证，企业拥有ISO资格证表明其生产的任何产品都有一定的质量保证。在订货会上，有的订单对企业的资质有要求，即要求企业具有ISO9000或者ISO14000资格。例如，某企业进入了本地、区域和国内市场，同时它拥有ISO9000资格证，它就可以参加本地、区域和国内市场的选单，只要这3个市场上出现有ISO9000要求的订单，该企业都有资格获得该类订单，而不限于什么产品。

**二、电子沙盘**

本章所述的电子沙盘以 "新商战" 为蓝本，具体内容我们将在第二篇中介绍。

# 第二节　ERP沙盘模拟课程的角色设置

任何企业的运营都离不开人，一个企业的人员配备至关重要，企业职工的责任心和凝聚力是一个企业获得成功最重要的保证。离开了人，企业的经营将无法继续。在现实生活中，企业的组织结构多种多样，有着各自的特点，但是究其本质都离不开以下几个部门，即财务中心、生产中心、物流中心和营销与规划中心。各部门的主管各司其职、互相配合，共同完成企业的生产经营。因此，在ERP沙盘模拟实训中，每个企业设有5个岗位，分别是总经理、财务总监、生产总监、采购总监和营销总监。当然也可根据具体情况增设财务助理、营销助理之类的岗位。每个岗位的职责不同，在实训时需相互配合。每个岗位的人员务必认清自己的责任和义务，只有这样才能共同完成企业的正常经营。

**一、总经理的职责**

总经理是一个企业的负责人，主要负责制定和实施企业总体战略与年度经营规划，主持企业的日常经营管理工作，实现企业经营管理目标和发展目标。现代企业的治理结构分为股东会、董事会和经理班子3个层次。

在ERP沙盘模拟实训中，省略了股东会和董事会，企业所有的重要决策均由总经理带领其团队成员共同决定，如果大家意见相左，则由总经理拍板决定。做出有利于企业发展的战略决策是总经理最重要的职责，此外总经理要负责控制企业按流程运行；与此同时，总经理还要特别关注每个人是否能胜任其岗位。

**二、财务总监的职责**

在企业中，财务总监与会计的职能常常是分离的，他们有不同的目标和工作内容。会计主要负责日常现金收支管理，定期核查企业的经营状况，核算企业的经营成果，制定预算及对成本数据进行分类和分析。财务总监主要负责资金的筹集、管理，做好现金预算，管好、用好资金。

如果说资金是企业的血液，财务部门就是企业的心脏。财务总监要参与企业重大决策方案的讨论，如设备投资、产品研发、市场开拓、ISO资格认证、购置厂房等。企业进出的任何一笔资金都要经过财务部门。在学生较少时，将财务总监与会计的职能归并到财务总监身上，由其统一负责对企业的资金进行预测、筹集、调度与监控；在学生数量允许时，增设主管会计（或者财务总监助理）分担会计职能。

财务总监每年年初根据各部门的年度计划，编制现金预算表，用以规划企业资金的使用，防止企业因为资金断流而破产。财务总监每年根据企业资金的流进和流出编制现金流量表，反映企业真实资金的流向；每年年末根据企业的运营情况，编制当年的资产负债表和利润表。

**三、生产总监的职责**

生产总监是企业生产部门的核心人物，对企业的一切生产活动进行管理，并对企业的一切生产活动及产品负最终责任。生产总监既是生产计划的制订者和决策者，又是生产过程的监控者，对企业目标的实现负有重大责任。他的工作是通过计划、组织、指挥和控制等手段实现企业资源的优化配置，创造最佳经济效益。

在ERP沙盘模拟实训中，生产总监负责生产运营过程的正常进行、生产设备维护与设备变更处理、管理成品库等工作。在本书的实训中，生产能力往往是制约企业发展的重要因素，因此生产总监还要有计划地扩大生产能力，以满足市场竞争的需要。

**四、采购总监的职责**

采购是企业生产的首要环节。采购总监负责各种原材料的及时采购和安全管理，确保企业生产的正常进行；负责编制并实施采购供应计划，分析各种物资供应渠道及市场供求变化情况，力求从价格上、质量上把好第一关，为企业生产做好后勤保障；进行供应商管理；进行原材料库存的数据统计与分析。

在ERP沙盘模拟实训中，采购总监负责制订采购计划、与供应商签订供货合同、监督原料采购过程并按计划向供应商付款、管理原料库等具体工作，确保在合适的时间点采购合适的物资。

**五、营销总监的职责**

企业的利润是由销售收入带来的，实现销售是企业生存和发展的关键。营销总监的责任主要是开拓市场、实现销售。为此，营销总监应结合市场预测及客户需求制订销售计划，有选择地进行广告投放，取得与企业生产能力相匹配的客户订单，与生产部门做好沟通，保证按时交货给客户，监督货款的回收，进行客户关系管理。

营销总监还可以兼任商业间谍的角色和任务，因为他方便监控竞争对手的情况，比如竞争对手正在开拓哪些市场、未涉足哪些市场，他们在销售上取得了多大的成功，他们拥有哪类生产线、生产能力如何等。充分了解市场、明确竞争对手的动向有利于今后的竞争与合作。

# 第三章

# 实物沙盘

实物沙盘的特点是直观性强，很适合初学者。在实物沙盘上演练企业经营过程有利于学生理解 ERP。本着由简入难的原则，我们以某个已经运营了 3 年的企业即将迎来新的管理者为例，向大家介绍企业模拟经营的过程。

## 第一节　企业初始情况设定

### 一、企业的基本情况

某企业长期以来一直专注于某行业 P 产品的生产与经营，目前生产的 P1 产品在本地市场知名度很高，客户也很满意；企业拥有自己的厂房，生产设施齐备、状态良好。

最近，一家权威机构对该行业的发展前景进行了预测，认为 P 产品将从目前的相对低水平发展为一种高技术产品。为此，该企业董事会及全体股东决定将企业交给一批优秀的新人去经营，他们希望新的管理层做到以下几点：投资新产品的研发，使企业的市场地位得到进一步提升；开拓本地市场以外的其他新市场，进一步拓展市场领域；扩大生产规模，采用现代化生产手段，努力提高生产效率。[①]

### 二、企业初始状态设定

新的管理层在了解了股东的决定之后，深入企业内部，进一步熟悉企业目前的经营状况。

（一）生产中心

1. 企业拥有大厂房，价值 40M。

2. 大厂房有 4 条生产线，即 3 条手工生产线和 1 条半自动生产线。4 条生产线已经计提了 1 年折旧，年初 3 条手工生产线的净值为 3M/条，1 条半自动生产线的净值为 4M/条。

3. 年初，大厂房的生产线上一共有 4 个 P1 在产品，第 1 条手工生产线的 P1 处于该生产线的 1Q，第 2 条手工生产线的 P1 处于该生产线的 2Q，第 3 条手工生产线的 P1 处于该生产线的 3Q，半自动生产线的 P1 处于该生产线的 1Q。生产中心初始设置如图 3-1 所示。

（1）大厂房价值处放满 2 桶灰币，即 40 个灰币，表示厂房价值 40M。

---

① 实务沙盘模拟的经营规则以附录 1 为基础。

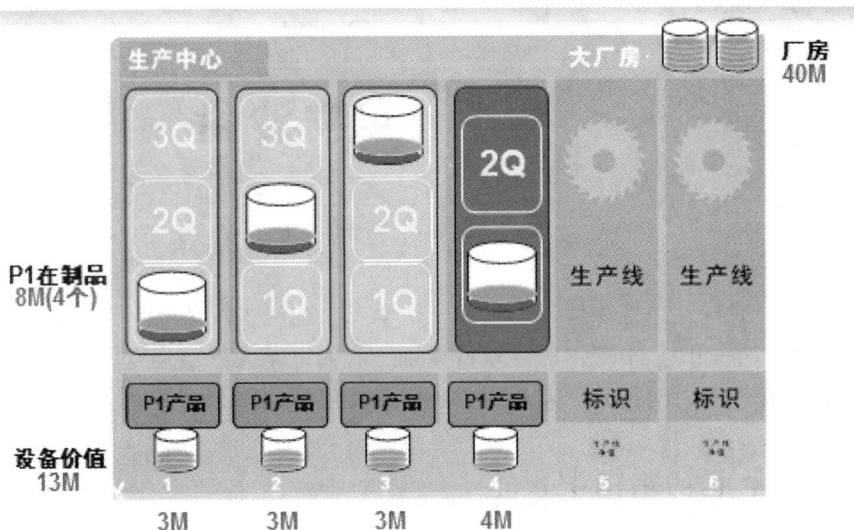

图3-1　生产中心初始设置

（2）大厂房的生产线处放置3条手工生产线和1条半自动生产线，在每条生产线的标识处放上"P1产品"标识；在这4条生产线的净值处放4个空桶，3条手工生产线前的每个空桶放入3个灰币，半自动生产线前的空桶放入4个灰币，表示生产线的净值分别为3M、3M、3M、4M，因此生产线净值（设备价值）共计13M。

（3）4条生产线放置在P1产品处，每个P1在产品的构成为1个R1和1个灰币，放置在空桶以及生产线的不同生产期间上。P1在产品的价值为2M/个，共计8M。

（二）物流中心

年初，物流中心的R1原材料库中有3个R1原材料，去年第4季度已经下了2个R1原料订单，P1产品库中有3个P1产成品。物流中心初始设置如图3-2所示。

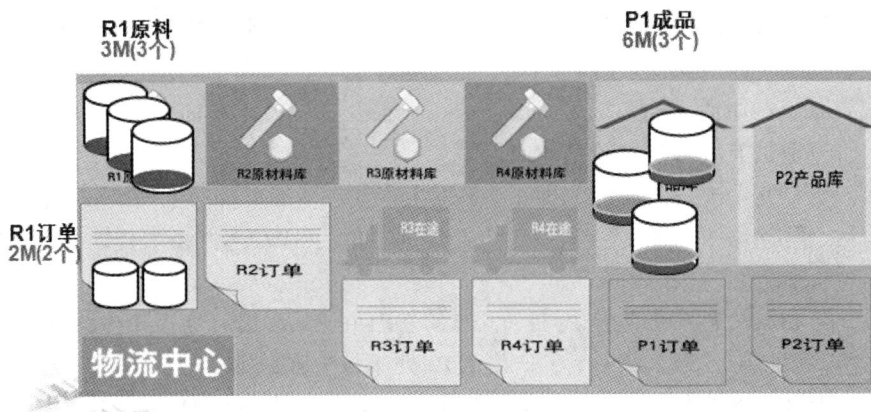

图3-2　物流中心初始设置

1.在空桶中放入3个R1后放在R1原材料库中，表示R1原材料库中有3个R1，价值为3M。

2.将2个空桶放在R1订单处，表示已有2个R1原料订单。

3.取出3个空桶，每个空桶中放入1个灰币和1个R1后，将其放在P1产品库中，表示P1产品库中有3个P1产成品，每个成本为2M，共计6M。

（三）财务中心

年初，企业库存现金为20M；应收账款为15M，还有3Q到账；长期贷款为40M，其中5年期长期贷款有20M，4年期长期贷款有20M。财务中心初始设置如图3-3所示。

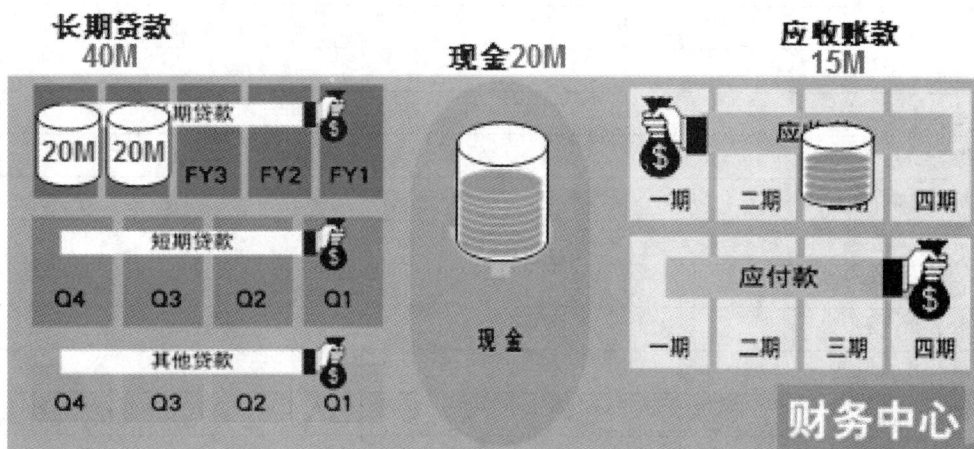

图3-3 财务中心初始设置

1.在空桶中放入20个灰币后放在现金库中，表示库存现金的价值为20M。

2.在空桶中放入15个灰币后放在应收账款"三期"处，表示应收账款的价值为15M，到账的时间还有3Q。

3.取2个空桶分别放在长期贷款的FY5和FY4处，表示长期贷款金额一共40M，还贷的时间分别为5年和4年。

（四）营销与规划中心

年初，企业已经取得P1生产资格，取得了本地市场准入证。营销与规划中心初始设置如图3-4所示。

图3-4 营销与规划中心初始设置

1.领取P1生产资格证后放在P1生产资格处，表示具有P1生产资格。

2.领取本地市场准入证后放在本地市场准入处，表示具有本地市场准入资格。

### 三、企业年初的报表

根据企业的初始情况，起始年年初企业的财务报表见表3-1和表3-2。

表3-1　　　　　　　　　　　　　　　　**利润表**　　　　　　　　　　　　　　单位：M

| 项目 | 期初金额 |
| --- | --- |
| 销售收入 | 35 |
| 直接成本 | 12 |
| 毛利 | 23 |
| 综合费用 | 11 |
| 折旧前利润 | 12 |
| 折旧 | 4 |
| 支付利息前利润 | 8 |
| 财务费用 | 4 |
| 税前利润 | 4 |
| 所得税费用 | 1 |
| 净利润 | 3 |

表3-2　　　　　　　　　　　　　　　　**资产负债表**　　　　　　　　　　　　　单位：M

| 资产 | 期初余额 | 负债和所有者权益 | 期初余额 |
| --- | --- | --- | --- |
| 流动资产： | | 负债： | |
| 库存现金 | 20 | 长期负债 | 40 |
| 应收账款 | 15 | 短期负债 | |
| 在产品 | 8 | 应付账款 | |
| 产成品 | 6 | 应交税费 | 1 |
| 原料 | 3 | 1年内到期的长期负债 | |
| 流动资产合计 | 52 | 负债合计 | 41 |
| 固定资产： | | 所有者权益： | |
| 土地和建筑 | 40 | 股东资本 | 50 |
| 机器与设备 | 13 | 利润留存 | 11 |
| 在建工程 | | 年度净利 | 3 |
| 固定资产合计 | 53 | 所有者权益合计 | 64 |
| 资产总计 | 105 | 负债和所有者权益总计 | 105 |

# 第二节  实物沙盘操作流程

在ERP沙盘模拟实训中，我们将每年的操作流程分为3个部分：年初工作、4个季度的季度工作以及年末工作。下面我们以起始年企业运营为例，阐述基于实物沙盘的ERP沙盘模拟经营的操作流程。

## 一、年初工作

企业每年年初都要召开新年度规划会议，进行广告投放，参加订货会并按一定顺序选取订单，然后支付上年的应交所得税、长期贷款利息，最后更新长期贷款或者归还到期的长期贷款，如果有贷款额度还可以申请长期贷款。具体内容如下：

（一）新年度规划会议

每年年初，企业都应召开新年度规划会议，确定当年的工作重点。以上述企业情况为基础，管理层做了以下决定：

年初参加订货会，支付1M广告费，且不申请长期贷款；

第1季度卖掉1条手工生产线，第2季度新建1条自动生产线，生产P2；

第3季度申请20M短期贷款；

第4季度订1个R1、1个R2；

起始年从第1季度开始研发P2；

年末开拓区域市场和进行ISO9000认证；

生产持续进行，每个季度支付管理费1M，维修费每条生产线支付1M；

生产线按年限平均法继续计提折旧，具体规则请参见附录1。企业在起始年的工作按照新年度规划会议的内容实施。

（二）投放广告

在ERP沙盘模拟经营中，企业实现销售的途径是参加订货会，争取订单。企业要参加订货会就需要在目标市场上投放广告。企业只有在目标市场上投放广告，才能在该市场取得订单。订单按市场、产品发放，因此广告也分市场、产品投放。企业在某个市场某个产品上的广告费投入至少1M，可获得一次拿订单的机会；企业要获得下一次拿订单的机会，还需要投入2M，所以总共需要3M。投放的广告登记在广告登记表上，它是企业争取订单的依据，也是企业当年支付广告费的凭证。具体操作如下：

营销总监分市场、产品填写广告登记表，交至裁判处；营销总监从财务总监处领取相应的灰币放在广告费处。

财务总监在经营记录表的投放广告费用处登记投放广告费用的合计数。

以起始年为例，营销总监在广告登记表上的本地/P1处填写【-1M】，表示当年企业在本地市场P1产品上的广告费投入为1M。

（三）选单顺序

在ERP沙盘模拟经营中，企业需要投放广告才能在订货会上按一定的顺序选取订单。选单的先后会影响企业订单的数量和质量。教师按以下原则排列订货会上各组的选单顺序：首先，确定市场"老大"，市场"老大"有优先选单权。其次，以本市场本产品广告费的大小顺序依次选单。如果企业在本市场本产品上的广告费相同，则看其在本市场上广告费的投放总额；如果在本市场上广告费的投放总额也相同，则看其上年市场销售额排名；如仍无法决定，先投广告者先选单。

（四）参加订货会选订单/登记订单

参加订货会的目的在于取得订单，只有取得订单，企业生产出来的产品才能在市场上销售，否则视为库存。在参加订货会之前，我们有必要了解一下订单的内容。

1.交货期。这里的交货期是指企业最晚交货的时间，最长的交货期为4Q。如果订单上的交货期为"1Q"，表示这年第1季度必须交货；若不按期交货，会受到相应的处罚。

2.账期。账期是指应收账款的变现时间。企业交货时即实现了销售。如果订单中的账期为"0"，表示交货当期就可以收到现金。如果订单中的账期大于或等于"1Q"，表示企业交货后取得的是应收账款，且应收账款的账期为订单上标注的期间。

3.ISO9000和ISO14000订单。这种订单要求有ISO9000或ISO14000资格证的企业才能拿。如果企业没有ISO9000或ISO14000资格证，则不能挑选这类订单。

企业取得订单后，要将订单的订单号、销售数量、交货期和账期登记在订单登记表上，销售额、成本和毛利暂时不登记，等到企业按时交货实现销售时再登记上述3项。如果企业不能按时交货，则应在订单登记表上填写"未售"的金额，以此来计算需要缴纳的违约金。具体操作如下：

营销总监参加订货会，按顺序挑选订单；选取订单后，将订单上的相关信息填写在起始年订单登记表上，见表3-3。在本例中，企业取得了1张本地市场的订单，订单表明P1产品的销售数量为5个，销售额为20M，交货时间最晚不超过当年第3季度，应收账款的账期为3个季度，即从交货的季度开始计算的第3个季度才能收到现金20M。

表3-3　　　　　　　　　　　　　　起始年订单登记表

| 订单号 | ××× | | | | | | | 合计 |
|---|---|---|---|---|---|---|---|---|
| 市场 | 本地 | | | | | | | |
| 产品 | P1 | | | | | | | |
| 数量 | 5个 | | | | | | | |
| 账期 | 3Q | | | | | | | |
| 交货期 | 3Q | | | | | | | |
| 销售额 | 20M | | | | | | | |
| 成本 | | | | | | | | |
| 毛利 | | | | | | | | |
| 未售 | | | | | | | | |

（五）支付应付税

依法纳税是每个公民应尽的义务，ERP沙盘模拟经营只涉及企业所得税。年底，根据企业当年净利润及适用税率计算出当年应交所得税，作为企业当年的所得税费用，待到下年年初再缴纳。因此，起始年支付的应付税其实是上年应交而未交的企业所得税，与本年所得税费用无关。年初需支付的所得税金额是上年的资产负债表中"应交税费"处列示的金额。具体操作如下：

财务总监按上年资产负债表"应交税费"项目列示的金额取出相应的现金，放置在财务中心的税金处，同时在经营记录表的支付应付税处登记减少的现金。

在本例中，起始年年初企业应支付1M的企业所得税。财务总监从现金库中取出1M，放置在财务中心的税金处后，在起始年经营记录表的支付应付税处登记【-1M】。

（六）支付长期贷款利息

如果企业有长期贷款，则每年年初要计算长期贷款的利息并向银行支付。长期贷款的利息等于长期贷款的金额乘以长期贷款的利率。具体操作如下：

财务总监从现金库中取出长期贷款的利息放在利息处，同时在经营记录表上登记。

在本例中，企业有40M的长期贷款，长期贷款利率为10%，因此起始年长期贷款利息为4M（40M×10%）。财务总监从现金库中取出4 M放到利息处，同时在起始年经营记录表的支付长期贷款利息处登记【-4M】。

（七）更新长期贷款/长期贷款还款

企业为了扩大再生产，可能需要借入长期贷款。长期贷款在ERP沙盘模拟经营中一年更新一次，如果长期贷款处于FY1，则意味着下一年年初企业要归还长期贷款的本金和利息。具体操作如下：

1.更新长期贷款。财务总监将长期贷款处的空桶往现金库方向推进1格，表示偿还期缩短了1年。

在本例中，长期贷款40M更新后，有20M长期贷款4年后到期，还有20M长期贷款3年后到期，因此财务总监将放在FY5和FY4的2个空桶同时向现金库方向移动1格，即分别放在FY4和FY3处。

2.长期贷款还款。长期贷款在更新时，若表示长期贷款的空桶被推至现金库中，则表示长期贷款到期。此时，财务总监应从现金库中取出与长期贷款本金相应的灰币交到裁判处，还要取出长期贷款的利息放在财务中心的利息处；同时，在经营记录表上分别登记归还的长期贷款本金和利息。

（八）申请长期贷款

每年年初企业可以申请长期贷款，一年只能申请一次。长期贷款期限最短为1年，最长为5年。年初支付长期贷款利息。企业更新长期贷款后，如果还有贷款额度，可以继续申请长期贷款，申请长期贷款的金额为20的倍数。

企业当年长期贷款额度的计算公式如下：

当年长期贷款额度=上年所有者权益的3倍-已有长期贷款-已有短期贷款

具体操作如下：

财务总监持上年财务报表到裁判处申请长期贷款，经审核后发放贷款。收到贷款后，将现金放入现金库中；同时，放1个空桶在长期贷款对应的还款期处，空桶内写1张注明贷款金额、账期和贷款时间的长期贷款凭条。另外，财务总监应在起始年经营记录表上登记申请的长期贷款金额。

在本例中，企业当年最大贷款额度为152M（64M×3-40M）。根据市场规则，只能按20的倍数申请长期贷款，因此企业实际贷款额度只有140M。假设财务总监向裁判处申请60M的长期贷款，即3桶灰币，将3桶灰币放在现金库中，另外拿3个空桶放在FY5，表示本年年初获得60M的长期贷款，贷款期限为5年。另外，企业当年剩下的贷款额度减少至92M（152M-60M）。由于新年度规划会议决定起始年不申请长期贷款，因此起始年年初不需申请长期贷款。至此，年初工作完成，上述工作只在年初做，每个季度初不进行操作。

**二、4个季度的工作**

4个季度的工作按照第1、2、3、4季度的顺序来完成，即第1季度所有工作做完后才能开始第2季度的工作，以此类推。

（一）季初盘点

为了保证账实相符，企业应定期对资产进行盘点。在ERP沙盘模拟经营中，企业一般在季初和季末两个时点定期盘点，盘点的内容是现金、应收账款、原材料、产成品、在产品等流动资产，还有厂房、生产线和在建工程等固定资产。可以采用实地盘点法，即首先对盘面的资产进行清点，确定实有数，再计算经营记录表上各项资产余额，然后将两者数据进行核对，账实相符后在经营记录表上登记盘点数额。如果上个季度刚盘点完毕，每个季度之初的季初盘点数据可以根据上个季度末的盘点数据填列。具体操作如下：

每个季度初，财务总监在经营记录表的上个季度现金余额处填写每个季度初现金盘点余额，第1季度初的现金盘点余额的计算公式如下：

季初的现金盘点余额=季初库存现金-季初支付出去的金额+季初流入的金额

本例中，在每个季度初，财务总监盘点现金的账面余额分别为14M、11M、2M、29M，将结果填写在起始年经营记录表上。

（二）更新短期贷款/短期贷款还本付息

短期贷款的时间小于1年，短期贷款是每个季度初更新一次。如果当季短期贷款到期，企业要还本付息。具体操作如下：

1.更新短期贷款。财务总监将短期贷款的空桶往现金库的方向移动1格，并在经营记录表上登记。

2.短期贷款还本付息。财务总监从现金库中拿出利息放在财务中心的利息处，拿出相当于归还借款本金的现金交到裁判处用以偿还短期贷款，同时在经营记录表上登记减少的现金数量。

在本例中，企业前2个季度没有短期贷款，因此无须更新短期贷款。但在第3季度初，企业申请了20M的短期贷款，所以从第4季度开始直到短期贷款还清为止，都需要在季度初更新短期贷款。

企业在起始年第3季度申请了20M的短期贷款，还款时间是第2年第3季度初，这时企业应还21M（20M+20M×5%）。第2年第3季度初，财务总监从现金库中取出21M，将其中的20M放入处于1Q短期贷款的空桶中，交至裁判处，剩下的1M放在财务中心的利息处，这样短期贷款就还清了。财务总监同时在当年经营记录表上的短期贷款还本付息处填写【-21M】。

（三）申请短期贷款

如果流动资金不足，企业正常的生产经营可能就无法继续下去，因此企业有必要适度举债。在ERP沙盘模拟实训中，系统提供了短期贷款的融资方式。短期贷款1年可申请4次，申请的时间是每个季度初；若某个季度初错过申请短期贷款的时间，就要等到下个季度初再申请。短期贷款的金额受上年所有者权益和已贷款金额的限制，企业当期申请短期贷款的额度与长期贷款的额度计算方法相同。

在本例中，企业还有152M的贷款额度。根据新年度规划会议的决定，企业在第3季度申请短期贷款20M。具体操作如下：

第3季度初，财务总监在裁判处领取20M的灰币，放入现金库中，另取1个空桶放在短期贷款的"4Q"位置处，表示企业在第3季度申请了20M的短期贷款，贷款的时间为1年，将在第2年第3季度还本付息21M，同时在起始年经营记录表上登记【20M】。

（四）原材料入库/更新原料订单

在ERP沙盘模拟实训中，如果企业购买原材料，需要提前向供应商（即裁判处）下原料订单，当期订购的原材料当期不能收到，要等到下个季度或者下下个季度才能到库。原材料验收入库后，必须支付原材料款，不能赊账。具体操作如下：

每个季度，企业应将盘面原料订单处的空桶向原材料仓库推进1格，表示更新原料订单。如果原料订单本期已经推进原材料库，表示原材料已经到企业，企业应验收入库，并支付相应的材料款。

在本例中，上年年末原管理层已经下了2个R1原料订单，第1季度运抵企业，验收入库后支付2M的原材料款。采购总监将原材料订单处的2个空桶放置在原材料库R1处，向财务总监申请2个灰币去裁判处购买2个R1，将R1放在空桶中。因此，企业现金减少2M，原材料增加2个R1。同时，采购总监在起始年经营记录表的原材料入库中填写【-2M】。第3季度下了一个R3原料订单，因此在第4季度采购总监需将R3原料订单处的空桶移至R3在途处。

（五）下原料订单

在ERP沙盘模拟实训中，原材料需要提前向供应商（裁判处）下原料订单，没有下原料订单的不能购买，下原料订单时不需要支付现金。根据规则，R1、R2要提前1个季度下原料订单，R3、R4需要提前2个季度下原料订单。具体操作如下：

采购总监在裁判处办理订货手续，将空桶放在原料订单处，表示当期下的原料订单，1个空桶代表订购了1个原材料，同时在经营记录表上登记当期原材料订购的数量。

在本例中，根据新年度规划会议的决定，第3季度企业下1个R3原料订单，第4季度下1个R2原料订单，因此，第3季度采购总监在R3原料订单处放置1个空桶，第4季度在R2原料订单处放置1个空桶，表示当期下了1个R3原料订单和1个R2原料订单，第2年第1季度要支付2M才能取得1个R2和1个R3，同时采购总监在起始年经营记录表第3、4季度的下原料订单处中分别登记【（1R3）】【（1R2）】。

（六）购买/租用厂房

企业要开展生产，必须有厂房。在ERP沙盘模拟经营中，企业最多可以有2个厂房，即1个大厂房和1个小厂房，厂房可以买也可以租。如果租用厂房，需支付租金。另外，在ERP沙盘模拟经营中，厂房不计提折旧。具体操作如下：

1.购买厂房。财务总监从现金库中取出相应的金额放到厂房价值处，表示固定资产的价值数额，同时在经营记录表上记录因购买厂房而减少的现金金额。

2.租用厂房。财务总监从现金库中取出相应的租金放在财务中心的租金处，表示企业支付了未来4个季度的租金。1年租期到期时，如果决定续租，需再次将相应的租金放在租金处。租用厂房已满1年的，如果厂房有生产线，可以选择购买厂房；如果没有生产线，可以退租。

在本例中，根据新年度规划会议的决定，起始年不对厂房进行处理，即不买新厂房也不租，所以该项工作不需操作。

（七）更新生产/完工入库

一般来说，产品加工时间越长，完工程度越高。企业应在每个季度更新生产，当产品完工后，应及时下线入库，完工下线的产品放置在产品库中分别进行管理。不同的生产线生产产品的周期不同。具体操作如下：

生产总监将生产线上的在产品往前推动1格。如果在产品已经推到生产线以外，表示产品完工下线，将该产品放在产成品对应的位置。

在本例中，第1条生产线上的在产品期初处于生产线的1Q，更新生产后该在产品处于该生产线的2Q；第3条生产线上的在产品期初已经在生产周期的3Q，更新生产后应完工入库，因此将该在产品从生产线处移至P1产品库。

（八）新建/在建/转产/变卖生产线

企业为了提高自身产能，需要对生产线进行改造，包括新建、转产和变卖等。新建生产线安置在厂房空生产线位置；如果没有空置的位置，则不能增加新的生产线。如果生产线要转产，则应考虑转产周期和转产费用。变卖生产线一般基于提高产能的目的。

1.新建/在建生产线。4种生产线中，除了手工生产线可以即买即用外，其他3种生产线都有建设期，在建设期内不能生产产品。新生产线的购买价格按安装周期平均支付，全部投资到位后的下个季度可投入使用。生产线建成时，需要指明该生产线生产什么产品。具体操作如下：

生产总监在交易处（即裁判处）申请生产线模板，将模板翻转放置在某厂房空置的生产线位置，并在模板上放置与该生产线安装周期相同的空桶，代表需安装的周期。每个季度，生产总监向财务总监申请建设资金，放在其中的1个空桶内。每个空桶都放置了建设资金，表示安装费全部支付完毕。在全部投资完成后的下个季度，将生产线模板翻转过来，领取产品标识，可以投入使用。

在本例中，新年度规划会议决定第1季度变卖1条手工生产线，第2季度购买1条自动生产线。因此，在第2季度，生产总监先从裁判处领取1个自动生产线模板，反面放置在大厂房的空白生产线处；再根据自动生产线的建设期领取3个空桶，放在卡片上；从第2季度开始至第4季度，每个季度从财务总监处领取5M的灰币放置在空桶中，到第4季度自动生产线资金投满。从第2季度到第4季度，生产总监都要在起始年经营记录表上的新建生产线处登记【-5M】。第2年第1季度初，生产总监将在建工程15M全部放在生产线净值处，生产模板正面放置，表示由在建工程转为固定资产；在裁判处领取P2产品标识，放在生产线模板下方。

2.转产生产线。生产线建成后要加上产品标识，表明该生产线目前只能生产产品标识所标明的产品。如果建成的生产线打算生产其他产品，可能需要停工改造，且只有空生产线才能转产。半自动生产线和自动生产线转产时，需要停产一定周期并支付转产费用；手工生产线和柔性生产线转产时不需要停产也不需要支付转产费用。具体操作如下：

首先，生产总监确定需转产的生产线上没有在产品后，将生产线反面放置；

其次，生产总监从财务总监处领取一定金额的转产费放在转产费处。

下个季度生产总监将生产线翻过来，该生产线可以生产转产后的产品。

3.变卖生产线。生产线可以变卖，需要注意的是，无论生产线净值是多少，其出售价格按残值收取现金。当生产线净值大于残值时，相当于残值的部分转化为现金；差额部分作为费用的其他部分，意味着出售生产线产生损失。具体操作如下：

生产总监将生产线及产品生产标识交还给交易处，同时将生产线的净值从"生产线净值"处取出，将残值部分放入现金库；净值和残值的差额放在财务中心的其他处。

在本例中，企业第1季度将第3条空置的手工生产线出售，起始年第1季度手工生产线的净值为3M，出售所得1M放入现金库，净值与残值的差额2M放在财务中心的其他处。

（九）紧急采购（随时进行）

企业在生产过程中，由于经营管理的问题可能会导致原材料库没有相应的原材料，或交货时间已到，却没有足够的产成品交货，此时可以紧急采购。在ERP沙盘模拟经营中，紧急采购分为紧急采购原材料和紧急采购产成品。紧急采购原材料的价格是正常采购价格的2倍，紧急采购产成品的价格是该产成品成本的3倍。具体操作如下：

1.紧急采购原材料。假设企业需要紧急采购1个R1，采购总监就从财务总监处领取2M灰币购买原材料，其中1M灰币给裁判换1个R1，另外1M灰币放入费用的其他处，作为损失。

2.紧急采购产成品。假设企业需要紧急采购1个P1，生产总监就从财务总监处领取6M支付给裁判，并从裁判处领取1个P1，同时在经营记录表上登记【-6M】。

在本例中，未出现紧急采购的情况，因此不需执行该工作。

（十）开始下一批生产

只有空置的已建成的生产线才能开始下一批生产。生产产品需要领用原材料和加工费。每条建成的生产线上只能有1个在产品在线，每个产品的加工费均为1M。具体操作如下：

生产总监从采购总监处领取生产产品所需的原材料，从财务总监处取得生产产品所需的加工费；将生产产品所需要的原材料和加工费放置在空桶中（1个空桶代表1个产品），然后将产品放置在空置的生产线上，表示开始投入产品生产；同时在起始年经营记录表上进行相应的登记。

在本例中，起始年第2季度有两条生产线可以开始下一批生产，分别是第2条生产线和第4条生产线，这两条生产线更新生产后是空生产线；第3季度，第1条生产线在更新生产后是空生产线，可以开始下一批生产；第4季度，第4条生产线更新生产后是空生产线，可以开始下一批生产。生产计划表见表3-4。

表3-4 　　　　　　　　　　　　　　　生产计划表

| 生产线 | | 第1年各季度 | | | | 第2年各季度 | | | |
|---|---|---|---|---|---|---|---|---|---|
| | | 1 | 2 | 3 | 4 | 1 | 2 | 3 | 4 |
| 1 | 手工生产线 | | | →P1 | | | →P1 | | |
| 2 | 手工生产线 | | →P1 | | | →P1 | | | →P1 |
| 3 | 自动生产线 | | | | | | | | |
| 4 | 半自动生产线 | | →P1 | | →P1 | | →P1 | | →P1 |

以第1条生产线为例，第3季度该生产线更新生产后是空生产线，生产总监可以从原材料库中领用1个R1，从财务总监处领用1M加工费，都放入空桶后，放在该生产线的1Q处。

（十一）更新应收账款/应收账款收（贴）现

在ERP沙盘模拟经营中，企业按订单要求交货后可能产生应收账款，应收账款的账期最长4Q、最短1Q，应收账款每个季度更新一次。企业如果缺乏资金，可以将应收账款进行贴现，此时应收账款减少，现金增加，其差额部分计入贴息。具体操作如下：

1.更新应收账款。每个季度，财务总监将应收账款往现金库方向推进1格，表示应收账款账期减少1Q；当应收账款被推进现金库时，表示应收账款到期。

在本例中，期初应收账款账期为3Q，每个季度财务总监将应收账款往现金库方向移动1格，直到第3个季度应收账款变现，将15M放入现金库。

2.应收账款贴现。将要贴现的应收账款从应收账款处取出，按贴现金额放入现金库中，剩余部分放入财务中心的贴息处。

（十二）按订单交货

企业在交货期内按订单交货，意味着实现销售收入，用以弥补企业在经营过程中发生的成本费用。具体操作如下：

首先，营销总监在订单登记表中登记销售订单的销售额，计算出销售成本和毛利之后，将销售订单和相应数量的产品拿到裁判处，表示已经按订单交货。

其次，从裁判处领取相应的销售额，放在应收账款相应的账期上，同时在经营记录表上予以登记。

在本例中，企业取得的是1张5个P1的订单，交货期最晚是第3季度，账期是3Q，销售额为20M。企业第3季度交货之前，P1的库存数量是6个，因此可以整单交货。营销总监根据订单数量从产品库中取出5个P1交至裁判处，再从裁判处领取20M的灰币，放置在应收账款3Q处。营销总监交货后在起始年经营记录表的按订单交货处登记【√】，在起始年订单登记表的销售额、成本和毛利处进行相应的登记，见表3-5。

表3-5　　　　　　　　　　　**起始年订单登记表**

| 订单号 | ××× | | | | | | | | | 合计 |
|---|---|---|---|---|---|---|---|---|---|---|
| 市场 | 本地 | | | | | | | | | |
| 产品 | P1 | | | | | | | | | |
| 数量 | 5个 | | | | | | | | | |
| 账期 | 3Q | | | | | | | | | |
| 交货期 | 3Q | | | | | | | | | |
| 销售额 | 20M | | | | | | | | | 20M |
| 成本 | 10M | | | | | | | | | 10M |
| 毛利 | 10M | | | | | | | | | 10M |
| 未售 | | | | | | | | | | |

（十三）产品研发投资

企业要生产新产品，必须进行产品研发。研发需要一定的时间和支付一定的费用。当新产品研发的时间和费用达到规则要求的时候，即表示产品研发完成。研发完成的下个季度可以生产该产品。具体操作如下：

营销总监从财务总监处取得研发所需的现金，放置在产品研发对应位置的空桶内；产品研发投资完成后，从裁判处领取相应产品的生产资格证放置在"生产资格"处。

在本例中，新年度规划会议决定企业起始年研发P2产品，因此营销总监每个季度从财务总监处领取1M放在P2产品生产资格处，表示正在研发，待到研发资金已满时，可从裁判处领取P2产品的生产资格证。

（十四）厂房出售/退租/租转买

企业如果缺乏资金，可以出售自有厂房。在ERP沙盘模拟经营中，厂房不需提取折旧，厂房出售的价格与购买厂房的价格相同，但是出售厂房不能立即获得相应的资金，只能取得账期为4Q的应收账款，即1年以后才能变现。如果企业急需资金，不需等到4Q后应收账款变现，可以提前将这笔应收账款进行贴现。如果厂房内有生产线，企业还需支付相应的租金。具体操作如下：

企业出售厂房不能直接取得现金，而是增加账期为4Q的应收账款，即应收账款增加，固定资产减少。如果出售的厂房内还有生产线继续生产，除了增加账期为4Q的应收账款外，厂房自动转为租用，当期支付租金；同时，在经营记录表上登记相关信息。

（十五）新市场开拓

企业要扩大销售量，需要开拓市场，不同的市场开拓所需的时间和费用是不同的。由此可见，企业有必要进行市场开拓投资。在ERP沙盘模拟经营中，市场开拓的费用在年末一次性支付，计入当年的综合管理费用。具体操作如下：

营销总监从财务总监处领取开拓市场所需的资金，放置在盘面开拓市场相应的位置。当市场开拓投资完成后，年末营销总监持市场开拓的费用到交易处领取"市场准入证"，放在相应市场的位置上，费用为1M，在起始年经营记录表第4季度上登记【-1M】。

（十六）ISO资格认证投资

企业要扩大销售量，需要开拓市场，市场上会对产品有ISO资格认证的要求，即市场认为企业有ISO资格证才能保证产品的质量，因此有些订单只有具备ISO资格的企业才能取得。由此可见，企业有必要进行ISO资格认证投资。在ERP沙盘模拟经营中，ISO资格认证的费用在年末一次性支付，计入当年的综合管理费用。具体操作如下：

营销总监从财务总监处领取进行ISO9000或ISO14000资格认证所需的资金，放置在盘面ISO资格相应的位置。ISO资格认证投资完成后，年末营销总监持进行ISO资格认证的费用到交易处领取ISO9000或ISO14000资格证，放在相应市场的位置上。ISO资格认证投资金额为1M，在起始年经营记录表第4季度上登记【-1M】。

（十七）支付管理费

在每个期间的经营过程中，企业都会发生诸如办公费、差旅费、人员工资等费用。在ERP沙盘模拟经营中，每个季度末支付1M管理费。具体操作如下：

　　财务总监期末从现金库中拿出1个灰币放在财务中心的管理费处，同时在起始年经营记录表上的支付管理费处登记【-1M】。

　　（十八）出售库存

　　如果企业原材料或产成品积压过多，或者资金短缺，可以出售库存获取流动资金。这里的库存包括原材料和产成品，在产品不能出售。原材料只能按八折出售，产成品按成本价出售。具体操作如下：

　　1.出售原材料。采购总监持原材料到交易处换取等值资金，将出售原材料的价值放在现金处，其差额则放在财务中心的其他处，表示出售原材料发生损失，该损失计入综合管理费用"其他"项目。

　　2.出售产成品。营销总监持产成品到交易处按产品的成本价换取等值现金，放在现金处。当然企业也可将产成品出售给其他企业，出售价格通过双方谈判确定。

　　（十九）厂房贴现

　　厂房贴现是将厂房出售和贴现一并完成，其实质是厂房出售后取得账期为4Q的应收账款，直接将该应收账款进行贴现。如果厂房里有生产线，则直接转为租用厂房，同时扣除1年的租金。具体操作如下：

　　将厂房价值处的灰币减掉贴息和租金的余额放在现金库中，贴息放入财务中心的利息处，租金放在租金处，同时在起始年经营记录表上进行登记。

　　（二十）当季现金收入合计

　　将本季度发生的所有现金收入加总，填写在当季现金收入合计处。

　　（二十一）当季现金支出合计

　　将本季度发生的所有现金支出加总，填写在当季现金支出合计处。

　　（二十二）季末现金对账

　　季末现金余额=季初现金盘点+当季现金收入-当季现金支出

　　季末现金余额与库存现金数量进行核对，一致则可以开始下个季度的工作；否则应查找账实不符的原因，直到一致为止。

## 三、年末工作

　　（一）缴纳违约订单罚款

　　如果企业未按时交货，视为违约，要缴纳相应的违约金，违约金计入综合管理费用的其他项。具体操作如下：

　　营销总监从财务总监处领取违约金，放在财务中心的其他处，同时在起始年经营记录表上登记。

　　（二）支付维修费

　　设备在使用过程中会发生损耗，要保证设备正常运行，企业必须定期对其进行维护。设备维修费包括材料费、人工费等。在ERP沙盘模拟经营中，只要有建成的生产线，无论其生产与否都应支付设备维修费。当年在建的和出售的生产线不交维修费。维修费每年年末一次性支付。具体操作如下：

　　财务总监根据已建成的生产线计算应该支付的设备维修费，然后从现金库中领取相应金额的维修费，交给生产总监放在财务中心的维修费处。

在本例中，企业一共有4条生产线，当年新建的自动生产线还没有完工，因此不需要支付维修费，只有3条生产线需要支付维修费，共计3M。生产总监从财务总监处领取3M维修费放置在维修费处，同时在起始年经营记录表上的支付维修费处登记【-3M】。

（三）计提折旧

固定资产在使用过程中必定会发生损耗，导致其价值降低，因此企业每月按要求计算固定资产的折旧费。在ERP沙盘模拟经营中，只有生产线需要计提折旧，厂房不需要计提折旧。生产线折旧采取年限平均法，年末计提一次，当年建成的生产线当年不计提折旧，下一年年末开始计提折旧。每条生产线单独计提折旧，按规定提足折旧后，生产线可以继续使用。生产线的净残值可以保留，直到该生产线被变卖为止。具体操作如下：

财务总监根据规则计算出生产线每年应提取的折旧，然后从生产线净值处提取相应金额的灰币，放在财务中心的折旧处，表示当年计提的折旧。

在本例中，手工生产线提取的折旧金额是1M/条，半自动生产线提取的折旧金额是1M/条。生产总监从3条手工生产线净值处各取出1M灰币放入折旧处，从1条半自动生产线净值处取出1M灰币放入折旧处，一共是4M，表示当期计提的折旧是4M；同时在起始年经营记录表上的计提折旧处填写【（4）】（注意：4M的折旧费并不影响现金流量的变动）。

（四）新市场开拓/ISO资格换证

如前所述，关于新市场开拓和ISO资格认证投资，当市场开拓或ISO资格认证投资额已满时，营销总监可将投资额交至交易处领取相应的市场准入证和ISO资格证。

（五）结账

每年经营结束时，年底都要进行一次盘点，并编制相应的报表。

**四、报表**

在实际工作中，企业每个月都要对外提供资产负债表、利润表和现金流量表等报表。在ERP沙盘模拟经营中，每年年末企业要提供经营记录表、产品核算统计表、综合管理费用明细表、利润表和资产负债表。

（一）经营记录表

在实际工作中，企业的经营过程由财务部门进行事后记录。财务部门根据企业发生的经济业务进行账务处理，直至编制出资产负债表和利润表等报表。在ERP沙盘模拟经营中，不需要进行账务处理，而是登记经营记录表。它主要记录企业在模拟经营中所发生的现金流入或者现金流出，以及未引起资金增减变动的事项。

如果企业发生的经济事项导致现金增加，则以正数记录在经营记录表上；如果企业发生的经济事项导致现金减少，则以负数记录在经营记录表上；如果企业发生的经济事项没有导致现金的增减，则以"√"表示；对于经营记录表上未发生的事项，以"×"表示。

　　当然，企业也可根据自己的情况登记更加详细的内容。根据起始年年初新年度规划会议的决定，起始年经营记录表见表3-6。

表3-6　　　　　　　　　　　　**起始年经营记录表**　　　　　　　　　　　单位：M

| 顺序 | 操作流程 | 第1季度 | 第2季度 | 第3季度 | 第4季度 |
|---|---|---|---|---|---|
| 年初 | 新年度规划会议 | √ | | | |
| | 投放广告 | −1 | | | |
| | 参加订货会选订单/登记订单 | √ | | | |
| | 支付应付税 | −1 | | | |
| | 支付长期贷款利息 | −4 | | | |
| | 更新长期贷款/长期贷款还款 | √ | | | |
| | 申请长期贷款 | × | | | |
| 1 | 季初现金盘点 | 14 | 11 | 2 | 29 |
| 2 | 更新短期贷款/短期贷款还本付息 | × | × | × | × |
| 3 | 申请短期贷款 | × | × | 20 | × |
| 4 | 原材料入库/更新原料订单 | −2 | × | × | × |
| 5 | 下原料订单 | × | × | × | （1R1）（1R2） |
| 6 | 购买/租用厂房 | × | × | × | × |
| 7 | 更新生产/完工入库 | 1P1 | 2P1 | 1P1 | 1P1 |
| 8 | 新建/在建/转产/变卖生产线 | 1 | −5 | −5 | −5 |
| 9 | 紧急采购（随时进行） | × | × | × | × |
| 10 | 开始下一批生产 | × | −2 | −1 | −1 |
| 11 | 更新应收账款/应收账款收（贴）现 | √ | √ | 15 | √ |
| 12 | 按订单交货 | × | √ | × | × |
| 13 | 产品研发投资 | −1 | −1 | −1 | −1 |
| 14 | 厂房出售/退租/租转买 | × | × | × | × |
| 15 | 新市场开拓 | | | | −1 |
| 16 | ISO资格认证投资 | | | | −1 |
| 17 | 支付管理费 | −1 | −1 | −1 | −1 |
| 18 | 出售库存 | × | × | × | × |
| 19 | 厂房贴现 | × | × | × | × |
| 20 | 当季现金收入合计 | 1 | 0 | 35 | 0 |
| 21 | 当季现金支出合计 | 4 | 9 | 8 | 10 |
| 22 | 季末现金对账（请填余额）〔（1）+（20）−（21）〕 | 11 | 2 | 29 | 19 |
| 年末 | 缴纳违约订单罚款 | | | | × |
| | 支付维修费 | | | | −3 |
| | 计提折旧 | | | | （4） |
| | 新市场开拓/ISO资格换证 | | | | √ |
| | 结账 | | | | 16 |

（二）产品核算统计表

产品核算统计表可以反映每种产品的销售情况和整个年度企业的销售情况。该表可以根据已经交货的订单填写。产品核算统计表中的销售额合计、成本合计和毛利合计可以填到利润表中。起始年产品核算统计表见表3-7。

表3-7 　　　　　　　　　　**起始年产品核算统计表** 　　　　　　　金额单位：M

| 项目 | P1 | P2 | P3 | P4 | 合计 |
|---|---|---|---|---|---|
| 数量 | 5个 | | | | |
| 销售额 | 20 | | | | 20 |
| 成本 | 10 | | | | 10 |
| 毛利 | 10 | | | | 10 |

（三）综合管理费用明细表

综合管理费用明细表由财务总监填写，该表中的项目大部分都根据财务中心的盘面填写，市场准入开拓、ISO资格认证和产品研发费用则根据营销与规划中心的盘面填写，具体各项目的填写可以参照表3-8。综合管理费用明细表中的费用都是正数，冲销费用则为负数。

表3-8 　　　　　　　　　　　　**综合管理费用明细表**

| 项目 | 金额来源 | 备注 |
|---|---|---|
| 管理费 | 盘面的管理费 | |
| 广告费 | 盘面的广告费 | |
| 维修费 | 盘面的维修费 | |
| 租金 | 盘面的租金 | |
| 转产费 | 盘面的转产费 | |
| 市场准入开拓 | 盘面 | □本地 □区域 □国内 □亚洲 □国际 |
| ISO资格认证 | 盘面 | □ISO9000 □ISO14000 |
| 产品研发 | 盘面 | P1（ ） P2（ ） P3（ ） P4（ ） |
| 其他 | 盘面的其他 | |
| 合计 | 上述内容合计 | |

在本例中，起始年年末财务中心管理费处有4个灰币，广告费处有1个灰币，维修费处有3个灰币，其他处有2个灰币；营销与规划中心的区域市场有1个灰币，ISO资格认证处有1个灰币，产品研发处有4个灰币。根据上述内容，起始年综合管理费用明细表见表3-9。

表3-9                                    起始年综合管理费用明细表                          单位：M

| 项目 | 金额 | 备注 |
|------|------|------|
| 管理费 | 4 | |
| 广告费 | 1 | |
| 维修费 | 3 | |
| 租金 | 0 | |
| 转产费 | 0 | |
| 市场准入开拓 | 1 | □本地　☑区域　□国内　□亚洲　□国际 |
| ISO资格认证 | 1 | ☑ISO9000　□ISO14000 |
| 产品研发 | 4 | P1（　）　P2（√）　P3（　）　P4（　） |
| 其他 | 2 | |
| 合计 | 16 | |

（四）利润表

利润表反映企业在某个时期的经营成果。此处需要提醒学生的是，ERP沙盘模拟经营中的利润表与《企业会计准则》规定的利润表有较大的差异，在实际工作中应以《企业会计准则》的规定为准。利润表中的销售收入、直接成本和毛利来自产品核算统计表，综合费用来自综合管理费用明细表中的"合计"，所得税费用与资产负债表的应交税费一致，净利润与资产负债表的净利润一致，具体项目的填写可以参照表3-10。

表3-10                                    利润表的数据来源

| 序号 | 项目 | 算法 | 数据来源 |
|------|------|------|----------|
| 1 | 销售收入 | | 产品核算统计表中的销售额"合计" |
| 2 | 直接成本 | | 产品核算统计表中的成本"合计" |
| 3 | 毛利 | 1-2 | |
| 4 | 综合费用 | | 综合管理费用明细表中的"合计" |
| 5 | 折旧前利润 | 3-4 | |
| 6 | 折旧 | | 盘点盘面上的折旧数据 |
| 7 | 支付利息前利润 | 5-6 | |
| 8 | 财务费用 | | 财务费用包括长期贷款、短期贷款的利息和贴息 |
| 9 | 税前利润 | 7-8 | |
| 10 | 所得税费用 | | 此行数据为正数时，乘以0.25向下取整 |
| 11 | 净利润 | 9-10 | |

在本例中，利润表的上年金额取自表3-1的起始年初始金额，本年金额的销售收入、直接成本和毛利取自表3-7中的"合计"金额，综合费用取自表3-9的"合计"金额，折旧金额取自财务中心的折旧费4M，财务费用取自财务中心的利息费用；由于税前利润为0，因此企业不用缴纳所得税，所得税为0。具体项目的填写见表3-11。

表3-11                                   利润表                                   单位：M

| 项目 | 上年金额 | 本年金额 |
|---|---|---|
| 销售收入 | 35 | 20 |
| 直接成本 | 12 | 10 |
| 毛利 | 23 | 10 |
| 综合费用 | 11 | 16 |
| 折旧前利润 | 12 | -6 |
| 折旧 | 4 | 4 |
| 支付利息前利润 | 8 | -10 |
| 财务费用 | 4 | 4 |
| 税前利润 | 4 | -14 |
| 所得税费用 | 1 | 0 |
| 净利润 | 3 | -14 |

（五）资产负债表

资产负债表反映企业年末的财务状况。ERP沙盘模拟经营中的资产负债表与实际工作中的资产负债表在格式方面有所差异，在实际工作中应以《企业会计准则》的规定为准。资产负债表中资产、负债和所有者权益的期初余额取自上一年资产负债表中资产、负债和所有者权益的期末余额。资产负债表中的资产、负债和所有者权益的期末余额大部分来自实物盘面；应交税费取自利润表中的所得税；股东资本如果不追加投资，与上期股东资本相同；利润留存是指到上一年为止企业的留存收益，它等于上一年利润留存加上一年净利润；净利润来自当年利润表中的净利润，具体项目的填写可以参照表3-12。

表3-12                           资产负债表的数据来源

| 资产 | 算法 | 本年（数据来源） | 负债和所有者权益 | 算法 | 本年（数据来源） |
|---|---|---|---|---|---|
| 流动资产： | | | 负债： | | |
| 库存现金 | + | 盘点现金库中的现金 | 长期负债 | + | 除了1年内到期的长期贷款 |
| 应收账款 | + | 盘点应收账款 | 短期负债 | + | 盘点短期借款 |
| 在产品 | + | 盘点生产线上的在产品 | 应付账款 | + | 盘点应付账款 |
| 产成品 | + | 盘点产品库中的产成品 | 应交税费 | + | 根据本年度利润表中的所得税填写 |
| 原料 | + | 盘点原料库中的原料 | 1年内到期的长期负债 | + | 盘点1年内到期的长期贷款 |
| 流动资产合计 | = | 以上5项之和 | 负债合计 | = | 以上5项之和 |
| 固定资产： | | | 所有者权益： | | |
| 土地和建筑 | + | 土地和厂房价值之和 | 股东资本 | + | 股东不增资的情况下为"50M"（在本例中） |
| 机器与设备 | + | 设备净值之和 | 利润留存 | + | 上一年利润留存+上一年净利润 |
| 在建工程 | + | 在建设备价值之和 | 年度净利 | + | 利润表中的净利润 |
| 固定资产合计 | = | 以上3项之和 | 所有者权益合计 | = | 以上3项之和 |
| 资产总计 | = | 流动资产+固定资产 | 负债和所有者权益总计 | = | 负债合计+所有者权益合计 |

在本例中，现金库中有16个灰币，应收账款有20个灰币，3条生产线上有3个P1，产品库中有3个P1，原材料库中有1个R1，厂房价值处有40个灰币，生产线价值处共有6个灰币，自动生产线上有15个灰币，长期贷款处有2个空桶，短期贷款处有1个空桶。资产负债表的编制见表3-13。

表3-13                   **资产负债表**                  单位：M

| 资产 | 期初余额 | 期末余额 | 负债和所有者权益 | 期初余额 | 期末余额 |
|---|---|---|---|---|---|
| 流动资产： | | | 负债： | | |
| 库存现金 | 20 | 16 | 长期负债 | 40 | 40 |
| 应收账款 | 15 | 20 | 短期负债 | 0 | 20 |
| 在产品 | 8 | 6 | 应付账款 | 0 | 0 |
| 产成品 | 6 | 6 | 应交税费 | 1 | 0 |
| 原料 | 3 | 1 | 1年内到期的长期负债 | 0 | 0 |
| 流动资产合计 | 52 | 49 | 负债合计 | 41 | 60 |
| 固定资产： | | | 所有者权益： | | |
| 土地和建筑 | 40 | 40 | 股东资本 | 50 | 50 |
| 机器与设备 | 13 | 6 | 利润留存 | 11 | 14 |
| 在建工程 | 0 | 15 | 年度净利 | 3 | -14 |
| 固定资产合计 | 53 | 61 | 所有者权益合计 | 64 | 50 |
| 资产总计 | 105 | 110 | 负债和所有者权益总计 | 105 | 110 |

# 第二篇　新商战篇

本篇主要介绍新商战实践平台的使用，适合教师和学生学习。本篇包括三章：第四章介绍新商战实践平台的经营规则，第五章讲解新商战实践平台学生端的操作，第六章讲解新商战实践平台系统管理和教师端的操作。

## 第四章 | "新商战" 经营规则解读

企业的正常运营会受到来自各方面条件的制约，同样，在ERP沙盘模拟经营中，为了保证合法经营和公平竞争，需要制定符合实际的模拟运营规则。在企业模拟经营之前，初学者必须熟悉这些规则，才能做到合法经营。

本章介绍新商战实践平台的经营规则[①]，为新商战实践平台的使用做好准备。本章从市场规则、投资规则、生产规则、筹资规则、财务报表编制以及其他规则与评价指标等方面进行解读。

## 第一节 市场规则

### 一、市场开拓和准入

何谓市场？市场是企业销售商品的地方。企业要在市场上销售商品，需要取得市场准入资格。在现实生活中，企业要进入某市场需要资金的投入，例如市场调研、招聘人员等活动都要投入资金。因此，新商战实践平台规定，企业只有投入一定的资金以及花费一定的时间，才能取得市场准入证。企业拥有某市场准入证，可以参加年初订货会，进入该市场进行广告投放和参与市场选单。

（一）市场开拓

模拟企业建立时，在任何市场上都没有销售资格，因此企业要按照市场开拓规则进行开拓。新商战实践平台提供了5个市场，即本地、区域、国内、亚洲和国际市场。每个市场都是独立的，开拓过程没有先后顺序。一般来说，企业会根据市场预测和经营战略确定市场组合。确定市场组合的基本原则是避开竞争对手。

在ERP沙盘模拟经营中，企业获得任何市场准入资格的条件都是两个：市场开拓投资总额和开拓时间。市场开拓投资总额不能一次性支付，要按开拓时间在每年年末支付，不允许加速投资。市场开拓投资总额等于每年市场开拓费用乘以开拓时间。市场开拓投资总额投满的当年年末，就可以取得相应的市场准入证。市场开拓成功后，不需交纳维护费。

以表4-1中列示的市场开拓规则为例，本地、区域、国内、亚洲和国际市场开拓所需要的时间是不同的，但在开拓期内，每年需支付的开拓费用都是10W（W代表单位"万元"）。具体如下：本地和区域市场开拓都需要1年的时间，支付的

---

[①] 本篇的讲解以附录2为基础。

开拓费用都是10W；国内市场开拓需要2年的时间，支付的开拓费用共计20W；亚洲市场开拓时间是3年，支付的开拓费用共需要30W；国际市场开拓时间是4年，支付的开拓费用共需要40W。

表4-1　　　　　　　　　　　　**市场开拓规则**

| 市场 | 开拓费 | 开拓时间 |
|------|--------|----------|
| 本地 | 10W/年 | 1年 |
| 区域 | 10W/年 | 1年 |
| 国内 | 10W/年 | 2年 |
| 亚洲 | 10W/年 | 3年 |
| 国际 | 10W/年 | 4年 |

【例4-1】假定市场开拓规则见表4-1，本地、区域、国内、亚洲和国际市场开拓分别为1年、1年、2年、3年、4年，每个市场的年开拓费用均为10W。若企业从第1年年末开始开拓所有市场，且中间不中断投资，编制市场开拓计划表，见表4-2。

表4-2　　　　　　　　　　　　**市场开拓计划表**

| 项目 | 第1年 | 第2年 | 第3年 | 第4年 | 第5年 |
|------|-------|-------|-------|-------|-------|
| 本地 | 10W | 准入 | | | |
| 区域 | 10W | 准入 | | | |
| 国内 | 10W | 10W | 准入 | | |
| 亚洲 | 10W | 10W | 10W | 准入 | |
| 国际 | 10W | 10W | 10W | 10W | 准入 |
| 合计 | 50W | 30W | 20W | 10W | 准入 |

第1年需支付50W（5个市场各10W）市场开拓费用，当即完成本地和区域市场的开拓，在第2年年初的订货会上可对本地和区域市场投放广告、选取订单。

第2年年末需支付30W（国内、亚洲、国际市场各10W）市场开拓费用，完成国内市场的开拓，在第3年年初的订货会上可对本地、区域和国内市场投放广告、选取订单。

第3年年末需支付20W（亚洲、国际市场各10W）市场开拓费用，完成亚洲市场的开拓，在第4年年初的订货会上可对本地、区域、国内和亚洲市场投放广告、选取订单。

第4年年末需支付10W（国际市场10W）市场开拓费用，完成国际市场的开拓，在第5年年初的订货会上可对所有市场投放广告、选取订单。

（二）注意事项

1.无论开拓哪个市场，都是按年支付开拓费用，每个市场每年的开拓费用最多为10W，不允许加速投资，投资可以随时中断或终止。如果开拓市场的投资因为资金问题暂时中断，以后资金充裕时可以接着再投资。例如，亚洲市场的开拓时间是3年，投资费用为30W，不能一次性投资30W，也不能第1年投10W、第2年投20W，只能每年投10W，累计达到30W时，方可获得亚洲市场的准入资格。如果第1年和第2年各投10W，第3年因资金短缺暂停亚洲市场的开拓，第4年再投10W后，第4年年末获得亚洲市场的准入资格。

2.同一年度可同时开拓多个市场，即市场之间是平行关系，它们之间没有先后顺序。例如，可以在开拓区域市场的同时开拓国内、亚洲和国际市场。

3.某市场开拓投资完成的当年年末，企业就可取得该市场准入证，第2年企业可以在该市场投放广告。例如，某企业连续3年投资开拓亚洲市场，第3年年末获得市场准入资格，第4年就可以在亚洲市场投放广告。

## 二、ISO资格认证规则

ISO资格认证投资包括产品质量（ISO9000）认证投资和产品环保（ISO14000）认证投资。ISO9000（简称"9K"）是指质量管理体系，ISO14000（简称"14K"）是指环境管理体系。ISO9000用于证明企业具有提供满足顾客要求和适用法规要求的产品的能力，目的在于提高顾客的满意度。凡是通过认证的企业，在各项管理系统整合上已达到国际标准，表明企业能持续稳定地向顾客提供预期的和满意的合格产品。ISO14000是企业建立和实施环境管理体系并通过认证的依据，目的是规范企业整治环境的行为，以达到节省资源、减少环境污染、改善环境质量、促进经济持续健康发展的目的。

企业若想在订货会上选取带有ISO资格认证要求的订单，必须通过相应的ISO资格认证，否则不能选取该类订单。ISO资格认证投资每年年末进行一次，可中断投资。在投资过程中，不允许加速投资，要平均支付。投资额满的当年年末可以取得相应的ISO资格证。如果企业资金短缺，可暂停投资，以后有资金时可继续投资。取得ISO资格证后不需要交后续维持费用。

【例4-2】假定ISO资格认证规则见表4-3，企业若在第1年同时开始投资ISO9000和ISO14000认证，中间不中断投资，则第1年企业需支付ISO资格认证投资额30W（ISO9000投资费用10W+ISO14000投资费用20W），第2年企业还需支付ISO资格认证投资额30W，年末企业完成了ISO资格认证，可在第3年的订货会上选取带有ISO资格认证要求的订单。

表4-3　　　　　　　　　　　　ISO资格认证规则

| 名称 | 开发费 | 开发时间 |
|------|--------|----------|
| ISO9000 | 10W/年 | 2年 |
| ISO14000 | 20W/年 | 2年 |

## 三、广告投放

广告投放的目的是使企业在品牌美誉度、人气以及销售量等方面有所增强。在新商战实践平台中，企业在其具有市场准入资格的市场上投放广告，可以获得参加订货会的资格以及参与销售订单选取的权利。系统根据各企业广告费的多少和投放的先后顺序来确定选单的顺序，因此企业的销售业绩在很大程度上取决于广告投放的效果，广告费的多少会影响企业订单的选择。具体规则如下：

（一）广告投放的规则

1.每年年初的订货会上，订单按不同市场、分不同产品分别发放。

2.企业的广告也是按不同市场、分不同产品分别投放。

3."新商战"中最小得单广告费为10W，有一次选单机会；此后每增加20W，即最小得单广告费的2倍，可多一次选单机会。

4.企业无须对有ISO资格认证要求的产品单独投放广告，系统自动判定企业是否有ISO资格，确认其能否选有ISO资格认证要求的订单。

【例4-3】假设某企业已经进入本地、区域和国内市场，而且取得P1、P2的生产资格，其第3年的广告费投入见表4-4，则该企业在本地市场的P1有一次选单机会，在国内市场的P1有两次选单机会，在区域市场的P2有两次选单机会。需要注意的是，具体选单次数与市场上的订单数量以及该企业的选单顺序有关。

表4-4　　　　　　　　　　**某企业第3年的广告费投入**

| 项目 | 本地市场 | 区域市场 | 国内市场 | 亚洲市场 | 国际市场 | 广告费合计 |
|---|---|---|---|---|---|---|
| P1 | 10W | | 30W | | | 40W |
| P2 | | 30W | | | | 30W |
| P3 | | | | | | |
| P4 | | | | | | |
| P5 | | | | | | |
| 广告费合计 | 10W | 30W | 30W | | | 70W |

（二）选单规则

选单过程分为若干回合，依次为（本地，P1），（本地，P2），（本地，P3），（本地，P4），（本地，P5），（区域，P1），（区域，P2）……（国际，P4），（国际，P5）。每回合选单可能有若干轮，每轮选单中，各企业按照排定的顺序，依次选单，但每次只能选一张订单。当所有企业都选完一轮后，若还有订单，则开始进行第二轮选单，以此类推，直到所有订单被选完或所有企业退出选单为止，本回合结束。选单顺序根据"新商战"沙盘初始状态设定是否有市场"老大"分为两种，即有市场"老大"和无市场"老大"。

1.有市场"老大"

首先,确定市场"老大",因为市场"老大"有优先选单权。每个市场都有一名市场"老大",市场"老大"根据企业上一年在该市场所有订单的销售额合计排名确定,在该市场上销售额最高且无违约者即为市场"老大"。市场"老大"在下一年该市场的订货会上有优先选单权,即市场"老大"只要在该市场投放10W的广告费,就可第一个选取订单;如果它要获得第二次选单机会,则至少要投30W。

其次,以本市场本产品广告费的多少依次选单。在市场"老大"选单完成后,其他企业按在本年度本市场本产品的广告费多少依次排序,广告费多的先选单,广告费少的后选单,以此类推。如果市场"老大"因为违约被取消资格,所有企业都按本年度本市场本产品的广告费多少排序选单。

如果两个企业在本年度本市场本产品投入的广告费相同,则看其本年度本市场广告费的投入总额;如果本年度本市场广告费的投入总额也相同,则看其上一年该市场的销售额排名;如仍无法决定,本年度先投广告者先选单。

【例4-4】本年度本市场所有企业广告费的投入见表4-5。

表4-5　　　　　　　　　**本年度本市场所有企业广告费的投入**

| 企业 | P1 | P2 | P3 | P4 | P5 | 广告费合计 | 确定市场"老大"时的排名 |
|------|-----|-----|-----|-----|-----|------------|--------------------------|
| U01 | 30W | 30W | 10W | | 10W | 80W | 4 |
| U02 | 20W | 30W | | 30W | 10W | 90W | 2 |
| U03 | 10W | 30W | | | | 40W | 1 |
| U04 | 40W | 40W | 10W | | | 90W | 3 |

根据上述规则,在本年度本市场上,P1、P2、P3、P4、P5选单的顺序为:

P1的选单顺序:U03、U04、U01、U02。

P2的选单顺序:U03、U04、U02、U01。

P3的选单顺序:U04、U01。

P4的选单顺序:U02。

P5的选单顺序:U02、U01。

2.无市场"老大"

如果无市场"老大",选单的顺序为:首先,看本市场本产品广告费;其次,看本市场广告费总额;最后,看市场销售排名;如仍无法决定,则先投广告者先选单。

(三)竞单(竞拍)

企业还可以通过竞单会获得订单,但竞单会不是年年都有。裁判会事先公布举办竞单会的时间。竞单会在选单结束后召开,参加竞单会的企业需要具备相应的

ISO及市场准入资格，但不需要有生产资格。

1.投标

参与投标的企业须根据所投标的订单，在系统规定时间（以倒计时"秒"的形式显示）填写总价、交货期、账期3项内容，确认后由系统按照以下公式计算得分，得分最高者中标；如果计算分数相同，则先提交者中标：

得分=100+（5-交货期）×2+应收账期-8×总价/（该产品直接成本×数量）

其中，总价不能低于（可以等于）成本价，也不能高于（可以等于）成本价的3倍。

2.支付标书费

中标的企业需为该单支付10W（和最小得单广告费相同）标书费，竞拍会结束后一次性扣除，计入广告费。

3.竞单规则

企业参加竞拍，选择订单。企业必须为竞单留足时间，如在倒计时小于（等于）5秒时提交，可能无效。

如果（已竞得单数+本次同时竞单数）×10（即最小得单广告费）>现金余额，则不能再竞拍。

为防止恶意竞单，对竞得单的张数进行限制，如果某队已竞得单的张数>ROUND（3×该年竞单总张数/参赛队数），则该队不能继续竞单。

ROUND表示四舍五入。如上式为等于，可以继续参与竞单。

参赛队数指经营中的队伍，若破产继续经营也算在其内，破产退出经营则不算在其内。需要注意的是，竞单时不允许紧急采购。

（四）选单

"新商战"中的企业是订单式生产企业，市场上的订单来自企业外部的代理商，企业通过投放广告获取订单。订单的基本要素如下：

1.总价：指企业完成该订单可以得到的销售收入总额。如果企业按时交货，则该笔业务的销售额按总价计算。

2.数量：指代理商要求企业交货的产品数量，企业需按该订单标明的数量整单交货。

3.交货期：指该订单要求的最晚交货时间，如果超过这个时间未交货，视为违约。如交货期为4Q，意思是企业要在第4季度之前或第4季度交货，之后交货则算违约；交货期为1Q，即要求企业在第1季度交货，如果不能交货则算违约。企业违约，订单自动取消，年末按违约订单的销售额计算违约金，从现金中扣除。

4.账期：指企业交货后得到的应收账款的账期。企业交货即实现销售，是取得现金还是计入应收账款，要根据订单的账期判断。若账期等于0，则企业完成订单交货后获得现金；如果订单上标明账期是2Q，则表示企业在交货后的第2个季度可获得现金。

如果订单上注明ISO9K或ISO14K，则该订单只能由具备ISO9000和ISO14000资格的企业获得。

（五）交货规则

企业取得订单后，要按订单上的交货时间按时交货。企业可以提前交货，但不可以推后。如交货期标明3Q，则可以在第1季度、第2季度、第3季度交货，账期从实际交货季开始算起。交货后，依据订单上的销售额确认销售收入。依据账期确认是计入应收账款还是收到现金，如果账期等于0，即取得现金；反之，如果账期大于等于1Q，则为应收账款。

如果企业超过交货期未交货，则视为违约。处罚有两种：一是市场地位下降一位，如果是市场"老大"，其资格被取消；二是年末按违约订单销售额的20%（这一比例按不同的规则调整）缴纳违约金，在年末时扣除，计入综合管理费用中的其他项。需要注意：

（1）企业参加订货会之前，需要计算企业的最大可接单量：

企业最大可接单量=当前库存+下一年第4季度结束前的最大产量

（2）交货的数量为整单交货。

# 第二节 投资规则

企业要提高竞争能力，必须进行投资。这里的投资包括固定资产投资和无形资产投资。在"新商战"沙盘中，固定资产投资包括购买厂房和生产线的投资，无形资产投资包括产品研发、开拓市场和认证开发的投资。

## 一、厂房投资

企业生产需要厂房，厂房可以买也可以租。购入的厂房不需计提折旧，租入的厂房按年支付租金。不同规模的厂房可以容纳生产线的数量不同，生产线不允许在不同厂房间移动。厂房可以租转买，也可以买转租。我们以表4-6为例来说明厂房投资规则。

表4-6 厂房投资规则

| 厂房 | 买价 | 租金 | 售价 | 容量 | |
|------|------|------|------|------|------|
| 大厂房 | 400W | 40W/年 | 400W | 4条 | 厂房出售得到4Q的应收账款；紧急情况下可将厂房贴现，直接得到现金；如果厂房中有生产线，同时要扣除租金 |
| 中厂房 | 300W | 30W/年 | 300W | 3条 | |
| 小厂房 | 180W | 18W/年 | 180W | 2条 | |

1.购买厂房

企业可以购买厂房，价格依据厂房投资规则的金额支付，一次性付款，无后续费用，持有期间不发生增值或减值。购入的厂房在持有期间不需计提折旧。以表4-6中的厂房投资规则为例，大厂房的买价是400W，中厂房的买价是300W，小厂房的买价是180W。

### 2.租用厂房

企业可以租用厂房，每年需支付租金，租金的支付时间为租入当时。租金依据厂房投资规则中的金额支付。以表4-6中的厂房投资规则为例，大厂房的年租金是40W，中厂房的年租金是30W，小厂房的年租金是18W。租期满1年可以选择续租、租转买或退租。

（1）续租：如果企业想续租，支付租金的时间为第一次租入厂房的时间在以后每年对应季度的季末。例如，企业在第1年第2季度选择租入1个大厂房，则需在第1年第2季度租入时支付第1年租金，以后每年的租金由系统自动在当年第2季度的季末支付。

（2）租转买：如果企业选择购买厂房，则不需再支付租金，而是以买价购入厂房，以前支付的租金不能抵扣买价。

（3）退租：如果厂房内无生产线，也可以选择退租，不需扣除任何费用。

例如，企业在某年第1季度支付租金，则在第2年第1季度末可以买厂房也可以续租。如果续租，则在第2年第1季度末支付租金；如果购买，则在第2年第1季度末在厂房处理中选择租转买。

### 3.厂房出售

企业购买厂房后，如果出现资金紧缺等情况，可以在季末将其卖掉。厂房出售的价格与买入的价格相同，不发生任何增值或减值。厂房出售后不能立刻取得现金，而是账期为4Q的应收账款。应收账款可以通过贴现获得现金，但要支付贴息。如果厂房内有生产线，出售的当季系统自动为企业租回厂房，支付厂房租金；如果厂房内没有生产线，则不需再支付厂房租金。

以表4-6为例，企业出售有生产线的大厂房，可立即获得400W应收账款，同时企业需支付40W的租金，该笔支出系统自动扣除；如果企业因资金短缺申请贴现，则系统扣除50W（400W×12.5%）的贴息，最后企业可以收到310W（400W-40W-50W）现金。

企业出售没有生产线的大厂房，可立刻获得400W应收账款；如果办理贴现，扣除50W的贴息后，企业可以收到350W（400W-50W）现金，不需要支付租金。由此可见，厂房内是否有生产线，将会影响企业最终取得现金的数量。

### 4.厂房贴现

如果企业错过了季末的厂房处理，又急需资金，可以将自有厂房进行贴现。厂房贴现实质上是将厂房卖出产生的应收账款直接贴现取得现金。它与厂房出售的区别就在于厂房出售时产生的应收账款并未直接贴现，而厂房贴现则直接将卖出厂房产生的应收账款同时贴现。如果厂房内有生产线，需付租金；反之，不需付租金。

【例4-5】某企业将自有大厂房进行贴现，其贴息等于400W乘以12.5%的贴现率，即50W；如果厂房里有生产线，还需支付40W租金，最终企业取得的现金等于厂房价值减去贴息和租金,即310W(400W-50W-40W)。

## 二、生产线投资

生产线投资规则包括生产线铺设、转产、计提折旧和出售等,见表4-7。

表4-7                 **生产线投资规则**

| 名称 | 投资总额 | 每季投资额 | 安装周期 | 生产周期 | 总转产费用 | 转产周期 | 维修费 | 残值 | 折旧费 | 折旧时间 |
|---|---|---|---|---|---|---|---|---|---|---|
| 超级手工生产线 | 35W | 35W | 0 | 2Q | 0 | 0 | 5W/年 | 5W | 10W | 3年 |
| 自动生产线 | 150W | 50W | 3Q | 1Q | 20W | 1Q | 20W/年 | 30W | 30W | 4年 |
| 柔性生产线 | 200W | 50W | 4Q | 1Q | 0 | 0 | 20W/年 | 40W | 40W | 4年 |
| 租赁生产线 | 0 | 0 | 0 | 1Q | 20W | 1Q | 65W/年 | -75W | 0 | 0 |

### (一)生产线铺设

生产线可以购买也可以租赁。

如果选择购买,生产线的买价在安装周期内平均支付。如果安装周期等于0,则表示该生产线可即买即用,买价一次性付清,可立即生产产品。如果安装周期大于0,买价在安装周期内平均支付,不允许加速投资,等到生产线投资额满的下一季度才能开始生产产品。安装期间,企业投入的购置费计入在建工程,购置费投资满后由在建工程转入生产线的价值。当资金短缺时,可以随时中断或终止生产线投资。

如果选择租赁,不需支付现金即可租入生产线,安装周期也是0,因此可以立刻使用。

【例4-6】假设生产线投资规则见表4-7,系统提供了4种生产线,分别是超级手工生产线、自动生产线、柔性生产线和租赁生产线。前3种是企业购入生产线的种类。超级手工生产线无安装周期,自动生产线和柔性生产线有安装周期,企业还可以选择租赁生产线。企业如果在第1年第1季度同时建造上述生产线,则第1季度新建生产线需支付135W(即超级手工生产线35W、自动生产线50W、柔性生产线50W),第2季度在建生产线需支付100W(即自动生产线50W、柔性生产线50W),第3季度在建生产线需支付100W(即自动生产线50W、柔性生产线50W),第4季度在建生产需支付50W(即柔性生产线50W)。建造过程详见表4-8。

表4-8                         生产线铺设计划表

| 名称 | 第1年第1季度 | 第1年第2季度 | 第1年第3季度 | 第1年第4季度 | 第2年第1季度 | 总投资额 |
|---|---|---|---|---|---|---|
| 超级手工生产线 | 35W建成 | | | | | 35W |
| 自动生产线 | 50W在建 | 50W在建 | 50W在建 | 建成 | | 150W |
| 柔性生产线 | 50W在建 | 50W在建 | 50W在建 | 50W在建 | 建成 | 200W |
| 租赁生产线 | 0建成 | | | | | 0 |
| 当季投资总额 | 135W | 100W | 100W | 50W | | 385W |

（二）生产线转产

生产线建造时已经确定了生产的产品种类，但是在企业运营过程中，为了完成不同产品的订单并按时交货，可能会对生产线进行转产操作。生产线转产要求该生产线处于待生产状态，即生产线为空，否则不可进行转产操作。

生产线转产时，不同生产线的转产费用和转产周期是有区别的，详见表4-7。当转产周期大于1Q时，下一季度可继续投资转产；若不选，即为中断转产。

【例4-7】假设生产线转产规则见表4-7，超级手工生产线转产周期为0、转产费用为0。若某超级手工生产线原定生产P1，现在需要转产P2，则转产时要求该超级手工生产线上没有在产品，转产当季即可生产P2，无须支付转产费用。

柔性生产线没有转产周期和转产费用，可随时转产。

自动生产线转产周期为1Q，转产费用为20W。若某自动生产线原定生产P1，现在需要转产P2，则转产时要求该自动生产线上没有在产品，且需要1个季度的转产周期方能生产P2，还需支付相应的转产费用20W。

租赁生产线转产规则与自动生产线转产规则相同。

（三）生产线计提折旧

无论生产线是否进行生产都会发生损耗，因此要计提折旧。购入的生产线从建成的第2年开始在年末提取折旧，计提折旧的方法是年限平均法，折旧的时间和每年提取的折旧费见表4-9。生产线提足折旧后可以不再计提，但可以继续使用。

表4-9                        生产线折旧表

| 生产线 | 购置费 | 残值 | 建成第1年 | 建成第2年 | 建成第3年 | 建成第4年 | 建成第5年 | 建成第6年 |
|---|---|---|---|---|---|---|---|---|
| 超级手工生产线 | 35W | 5W | 0 | 10W | 10W | 10W | | |
| 自动生产线 | 150W | 30W | 0 | 30W | 30W | 30W | 30W | |
| 柔性生产线 | 200W | 40W | 0 | 40W | 40W | 40W | 40W | 40W |
| 租赁生产线 | 0 | -65W | 0 | 0 | 0 | 0 | 0 | 0 |

注：租入的生产线不计提折旧。

（四）支付维修费

为了保证生产线能正常使用，企业每年都要对生产线进行维修。每种生产线的维修费是有差别的，但是当年在建和当年出售的生产线不需支付维修费。以表4-7为例，超级手工生产线每年的维修费是5W；自动生产线和柔性生产线是20W；租赁生产线最高，是65W。

（五）生产线出售

生产线出售的前提是该生产线是空置的，即没有生产产品。出售时按残值收取现金，净值（生产线的原值减去累计折旧后的余额）与残值之间的差额作为企业损失，即已提足折旧的生产线不会产生出售损失，未提足折旧的生产线必然产生出售损失。

【例4-8】假设生产线出售规则见表4-7，自动生产线建设期为3Q、原值为150W、残值为30W、使用年限为4年。某企业第1年第1季度开建一条自动生产线，第1年第3季度建成，只要该生产线处于待生产状态即可出售。

若建成后当年将其出售，则会收到30W现金，同时产生120W损失（原值150W-累计折旧0-残值30W）；若第2年将其出售，则会收到30W现金，同时产生90W损失（原值150W-累计折旧30W-净残值30W），以此类推。

# 第三节　生产规则

## 一、产品规则

（一）产品研发规则

企业要生产，就必须具有相应的生产资格。企业刚成立时，不具有任何产品的生产资格，它可以根据市场预测和经营战略选择产品组合。产品研发费用在每个季度末支付，不允许加速投资，但可以中断投资。若企业资金不足，可选择暂停开发，等有资金后继续投资。某产品研发资金总额的计算公式为：

某产品研发资金总额=每季度的研发费用×研发时间

在该产品研发费用总额投满的下一期，企业可开始生产该产品。

【例4-9】假设产品研发规则见表4-10，某企业在第1年第1季度开始同时研发5种产品，且中间不中断投资，则第1年第1季度需支付研发费用50W，第1季度无产品研发完成；第1年第2季度需支付研发费用50W，此时P1研发完成，第3季度即可生产P1；第1年第3季度需支付研发费用40W，此时P2研发完成，第4季度即可生产P2；第1年第4季度需支付研发费用30W，此时P3研发完成，第2年第1季度即可生产P3；第2年第1季度需支付研发费用20W，此时，P4、P5研发完成，第2年第2季度即可生产P4、P5。具体研发过程见表4-11。

表4-10 **产品研发规则**

| 产品 | 开发费 | 开发时间 | 加工费 | 直接成本 | 产品组成 |
|---|---|---|---|---|---|
| P1 | 10W/Q | 2Q | 10W | 20W | R1 |
| P2 | 10W/Q | 3Q | 10W | 30W | R2+R3 |
| P3 | 10W/Q | 4Q | 10W | 40W | R1+R3+R4 |
| P4 | 10W/Q | 5Q | 10W | 50W | P1+R4+R3 |
| P5 | 10W/Q | 5Q | 10W | 60W | P2+R2+R5 |

表4-11 **产品研发费用表**

| 产品 | 第1年<br>第1季度 | 第1年<br>第2季度 | 第1年<br>第3季度 | 第1年<br>第4季度 | 第2年<br>第1季度 | 第2年<br>第2季度 |
|---|---|---|---|---|---|---|
| P1 | 10W | 10W | 研发完成 | | | |
| P2 | 10W | 10W | 10W | 研发完成 | | |
| P3 | 10W | 10W | 10W | 10W | 研发完成 | |
| P4 | 10W | 10W | 10W | 10W | 10W | 研发完成 |
| P5 | 10W | 10W | 10W | 10W | 10W | 研发完成 |
| 当季投资总额 | 50W | 50W | 40W | 30W | 20W | |

需要说明的是：

（1）各产品研发投资可以同时进行，但必须按研发周期分别投入，不可加速投入，要按季度平均支付研发费用，研发费用计入当年的综合管理费用。

（2）某产品研发完成后，可领取产品生产资格证，并于完成的下一个生产周期开始生产。

（3）产品研发可以中断或者中止。当企业资金短缺时，可以随时中断某一产品的研发，等以后资金充足时可以继续支付研发费用，中断的时间不计入研发周期，直至研发费用支付完毕。

（二）产品构成规则

产品的成本包括直接成本和间接成本。直接成本包括直接材料、直接人工和制造费用等成本。在产品研发规则（见表4-10）中，直接人工和制造费用等成本通过加工费来反映，即每个产品的加工费都是10W；直接材料成本则由于产品所需原材料的不同而不同。在新商战实践平台中，企业获得产成品的方式可以是自己生产，也可以是紧急采购，但不管是通过哪种方式取得的，其产品结构和直接成本都是一样的。

【例4-10】假设产品构成见表4-10，P1的产品构成是1R1+10W，企业想在某自动生产线上生产P1，则要求该自动生产线上当时没有在产品（因为1条生产线只能生产1个产品），且原材料仓库需有1个R1，以及10W现金用于支付加工费。因此，P1的单位成本等于20W（10W+10W）。

如果采用紧急采购方式获得产品，其购买价为该产品成本的3倍。如紧急采购1个P1，需要花费60W，其中20W是计入产品的正常成本，多付出的40W（60W-20W）作为企业损失。

## 二、原料采购规则

采购是指企业从外部市场获得所需的全部商品和服务的过程。在ERP沙盘模拟经营中，采购主要是模拟企业从外部市场获得生产所需原材料的过程。系统还提供了紧急采购流程，即如果企业在上一个原材料采购流程中出现了问题，可以通过支付高价紧急采购到生产所需的原材料，以保证生产的有序进行。

正常的采购流程是：制订采购计划、发出采购订单、运输进货、原材料入库及支付货款。每种原材料的单价均为10W，企业购买原材料需要提前下原料订单，R1和R2需要提前1个季度，R3、R4和R5需要提前2个季度，见表4-12。原料订单不能取消，且原材料入库必须支付货款，不得拖延。

（一）原材料采购

企业的原材料一般分为R1、R2、R3、R4、R5，共5种。其中，R1、R2需提前1个季度订购，在1个季度后支付材料款并入库；R3、R4、R5需提前2个季度订购，在2个季度后支付材料款并入库。原材料订购数量由后期的生产需要决定，订购多了会造成现金占用，订购少了则不能满足生产需要，会造成生产线停产，甚至不能按期交货，导致企业违约。

【例4-11】假设原料采购规则见表4-12，若企业第2季度需要领用5R1、4R2，第3季度需要领用3R1、4R2、5R3、4R4，第4季度需要领用4R1、6R2、4R3、5R4，则企业第1季度需要订购的原材料如图4-1所示：第1季度需订购5R1、4R2、5R3、4R4，第2季度需订购3R1、4R2、4R3、5R4，第3季度需订购4R1和6R2。

表4-12　　　　　　　　　　　　原料采购规则

| 名称 | 购买单价 | 提前期 |
|------|----------|--------|
| R1 | 10W | 1Q |
| R2 | 10W | 1Q |
| R3 | 10W | 2Q |
| R4 | 10W | 2Q |
| R5 | 10W | 2Q |

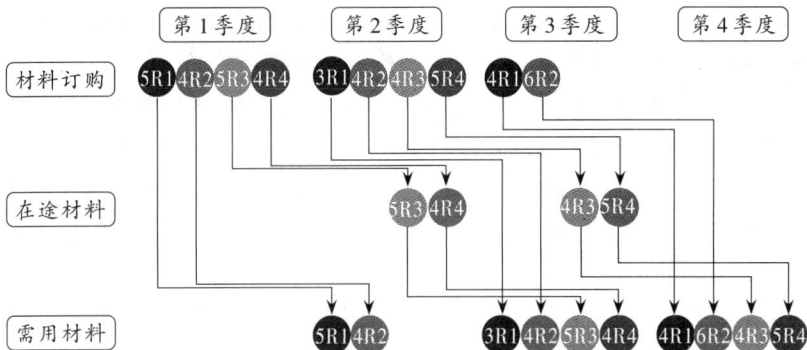

图 4-1　原材料采购

（二）原材料入库

原材料采购价由系统设定，每个原材料价格均为 10W。其中，R1、R2 在订购 1 个季度后支付，R3、R4 和 R5 在订购 2 个季度后支付。

【例 4-12】假定每种原材料每个采购价均为 10W。若某企业在第 1 季度订购了 R1、R2、R3、R4 各 1 个，第 2 季度又订购了 R1、R2、R3、R4 各 2 个，则第 2 季度进行更新原料操作时需支付的材料采购款为 20W（即第 1 季度订购的 R1 和 R2 的材料款），第 3 季度进行更新原料操作时需支付的材料采购款为 60W（即第 1 季度订购的 R3、R4 的材料款和第 2 季度订购的 R1、R2 的材料款）。分析过程如图 4-2 所示。

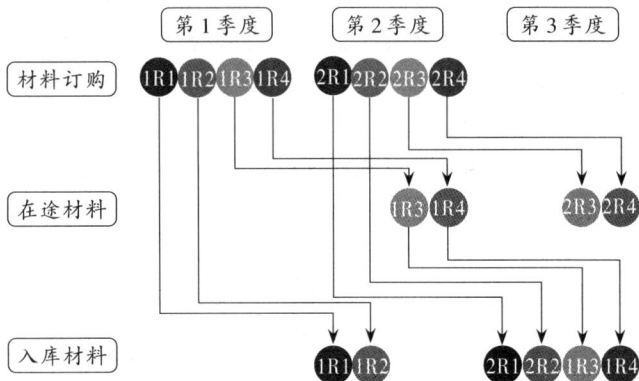

图 4-2　原材料入库

## 三、紧急采购

如果企业没有及时下原料订单，生产又急需，可采取紧急采购方式购买，紧急采购原材料价格为正常采购价格的 2 倍。除了可以紧急采购原材料外，还可以紧急采购产成品，价格为产品直接成本的 3 倍。紧急采购都是付款即到货，即紧急采购原材料和产成品时，直接扣除现金。编制报表时，成本仍然按照标准成本记录，紧急采购多付出的成本计入综合管理费用中的其他项。

# 第四节 筹资规则

资金是企业的血液，是企业设立、生存和发展的物质基础，是企业开展生产经营活动的基本前提。在企业经营过程中，资金的来源有以下3种：一是企业自有资金，即初始投资的金额；二是企业通过销售商品获得的收入；三是通过融资取得的资金。新商战实践平台提供了4种筹集资金的渠道：长期贷款、短期贷款、应收账款贴现和库存拍卖（出售库存，下同）。筹资规则见表4-13。

表4-13 筹资规则

| 贷款类型 | 贷款时间 | 贷款额度 | 年息 | 还款方式 | 备注 |
|---|---|---|---|---|---|
| 长期贷款 | 每年年初 | 所有长短期贷款之和不超过上年所有者权益的3倍 | 10.0% | 年初付息，到期一次还本 | 不小于10W |
| 短期贷款 | 每季度初 | | 5.0% | 到期一次还本付息 | |
| 应收账款贴现 | 任何时间 | 视应收账款额 | 1Q，2Q：10.0%<br>3Q，4Q：12.5% | 变现时贴息 | 贴现各账期分开核算，分开计息 |
| 库存拍卖 | | 100.0%（产品），80.0%（原料） | | | |

## 一、银行贷款

银行贷款分为长期贷款和短期贷款两种，无论哪种贷款都有额度限制，即所有长短期贷款之和不能超过上年所有者权益的3倍。

（一）长期贷款

1.长期贷款规则

长期贷款是企业从银行或者其他金融机构借入的期限在1年以上（不含1年）的借款。它主要满足构建固定资产和长期流动资金专用的需要。

每年年初，企业可以申请长期贷款，一年只有一次机会。申请贷款的金额最小为10W，最大不能超过贷款的额度，即当年可以申请长期贷款的金额不超过上一年所有者权益的3倍再减去已取得的长期贷款和短期贷款。长期贷款的时间最长为5年。长期贷款利息在申请贷款的第2年年初开始支付，利息按年利率乘以本金计算，直至长期贷款到期，到期偿还本金。每年结束时，企业必须预留下一年年初要支付的长期贷款利息。

2.长期贷款应注意的问题

处于成长阶段、具有良好发展前景的企业常常进行扩张性筹资，而扩张性筹资往往通过长期贷款来实现。

（二）短期贷款

1.短期贷款规则

短期贷款是企业从银行或其他金融机构借入的期限在1年以下的借款。企业申请短期贷款的主要目的是解决生产经营活动对短期资本的需要。短期贷款的手续比较简单，筹资速度快，可及时满足企业对流动资本的需求。

短期贷款的申请时间为每季度初，每个季度有一次机会。贷款的金额最小为10W，最大不能超过贷款的额度，即企业申请短期贷款金额的上限同样是上一年所有者权益的3倍再减去已取得的长期贷款和短期贷款。

短期贷款的时间为1年，到期一次还本付息，即到期时支付的现金等于本金加上1年的短期贷款利息。

【例4-13】假定企业短期贷款年利率为5%，企业若在第1年第1季度贷款20W，那么，需在第2年第1季度偿还该笔短期贷款的本金20W和利息1W（20W×5%）。

2.短期贷款应注意的问题

（1）申请短期贷款的金额及时间。申请短期贷款往往是企业在生产经营过程中做出的临时性决策。例如，有时企业的销售情况不理想，未取得足够的现金（销售收入）来维持下个季度的正常经营，有临时性资金缺口，需要通过短期贷款来维持企业的正常经营。由于短期贷款的时间只有1年，到期一次还本付息，因此贷款到期时还款的压力比较大，企业每年、每季的短期贷款不宜过多，一般以20M为宜。另外，由于短期贷款是先还旧债再借新债，所以企业可以在还款的前一个季度借出要还款的资金，以备下一个季度初还本付息。

（2）如何提高下一年贷款金额的上限。无论申请长期贷款还是短期贷款，都会受到上一年所有者权益和已贷款金额的影响，因为企业当期申请贷款的金额上限等于上一年所有者权益的3倍再减去之前已经贷款的金额。企业要提高下一年贷款金额的上限，应尽量减少当年的费用，进而增加当年的所有者权益。

（3）申请长期贷款还是短期贷款。至于申请长期贷款还是申请短期贷款，不同企业有不同的选择。长期贷款的年利率是10%，短期贷款的年利率是5%，但是，短期贷款的还款时间短，如果资金用于长期投资，资金回笼慢，申请短期贷款的还款压力很大。在这种情况下，企业往往会因为资金问题限制发展，甚至因为资金断流而破产。

（三）贷款期限和额度

无论是哪种贷款，其偿还都要按申请贷款时选定的期限完成，不允许提前偿还或者推后，如果到期无法偿还，企业即破产。每年支付的长期贷款或者短期贷款利息都计入利润表的财务费用。

贷款偿还后，如果还有额度，才允许重新申请贷款，即如果有贷款需要归还，同时还拥有贷款额度时，必须先归还到期的贷款，才能申请新贷款，不能以新贷还旧贷。

各企业之间不允许私自融资，只能向银行申请贷款。

【例4-14】某企业上一年所有者权益为60M，第1年的长期贷款是60M，第1年的短期贷款是60M，因此第2年年初长期贷款的金额不能超过60M（60M×3-60M-60M）。假设第2年年初该企业申请长期贷款40M，则第2年第1季度申请的短期贷款最多是20M。

【例4-15】若长期贷款年利率为10%，贷款额度为上年所有者权益的3倍，企业上年所有者权益总额为80W，则本年度贷款上限为240W（80W×3）。假定企业之前没有贷款，则本次贷款最大额度为本年度贷款上限，即240W。若企业之前已有100W贷款，则本次贷款最大额度为本年度贷款上限减去已贷金额，即为140W。

若企业第1年年初贷款100W，期限为5年，则系统会在第2、3、4、5、6年年初自动扣除长期贷款利息10W（100W×10%），并在第6年年初自动偿还贷款本金100W。

## 二、应收账款贴现

当企业急需资金，而上年所有者权益太少，无法通过贷款方式获得资金时，企业可以将未到期的应收账款贴现，但需向银行支付贴息。相关计算公式为：

贴息=用于贴现的应收账款金额×对应的贴现率

贴现收回的金额=用于贴现的应收账款金额-贴息

贴现时，按应收账款各剩余账期分开核算、分开计息，如果出现小数，向上取整。贴现率具体为多少视规则而定。

企业支付的贴息计入利润表的财务费用。贴现后，企业可以获得多少现金受应收账款到期时间的影响，到期时间越短，支付的贴息越少，取得的现金越多。

【例4-16】假定某企业账期为1Q和2Q的应收账款贴现率为10%，账期为3Q和4Q的应收账款贴现率为12.5%，现将账期为2Q、金额为10W的应收账款和账期为3Q、金额为20W的应收账款同时贴现，则：

贴现利息=10W×10%+20W×12.5%=3.5W

约等于4W（贴现利息一律向上取整）。

实收金额=10W+20W-4W=26W

贴现后，企业收到26W，当即增加企业现金，产生的贴现利息4W作为财务费用入账。

需要注意的是，一般来说，应收账款以10的倍数贴现；当剩余账期为3Q、4Q时，贴现率为12.5%，也可以按8的倍数贴现。

## 三、库存拍卖

企业一般只在资金极度短缺时才会考虑出售库存，即通过出售库存的原材料和产成品获取现金。出售库存一般会在成本的基础上打折，出售价由裁判在参数设置中设定。需要注意的是，原材料的出售价是原值的八折，产成品按成本价出售，小数点向下取整。出售库存收到的现金与成本之间的差额为损失。

例如，企业出售原材料5个，收到的现金为40W（50W×0.8），差额10W计入损失。如果企业出售2个P1，成本为20W/个，则企业收到现金40W。

由此可见，出售原材料会造成企业的损失，出售的数量最好是5的倍数，尽量减少损失。

# 第五节　财务报表编制

在实际工作中，企业通过填制凭证、登记各种账簿、编制财务报表来完成企业会计流程。企业编制的报表提供给信息使用者，如企业的股东、债权人、经营者和其他信息使用者。企业一般要编制利润表、资产负债表和现金流量表。在ERP沙盘模拟经营中，由于业务简单，只要求编制综合管理费用明细表、利润表和资产负债表。需要注意的是，这3种报表和会计实务中的三大报表在格式和项目上有所不同。

## 一、综合管理费用明细表

综合管理费用明细表综合反映企业在经营年度发生的各种除产品生产成本、财务费用外的其他费用，包括管理费用、广告费、维修费、损失费、转产费、厂房租金、新市场开拓费、ISO资格认证费、产品研发费和信息费等。该报表根据财务中心的支出和营销与规划中心的数据填写。财务中心归集的费用不一定全部计入综合管理费用明细表，折旧费、利息、贴息和所得税费用在利润表中反映。

财务中心的"其他"项目主要归集属于营业外支出性质的损失，如紧急采购原材料或者产成品而发生的损失、违约金、折价拍卖和生产线变卖等费用。企业市场开拓、产品研发、ISO资格认证发生的支出计入综合管理费用。

1.管理费用根据企业当年支付的行政管理费填列，属于固定费用。企业每个季度需支付10W行政管理费，全年共支付40W行政管理费。

2.广告费根据企业年初广告登记表中的广告费总额填列，第1年没有广告费，从第2年开始，填列每年年初各市场各产品投放的广告费总额。

3.设备维护费根据企业年末支付的维修费填列。

4."其他"项目包括的内容比较多，主要根据以下几项的合计填列：

（1）紧急采购产生的损失。原材料紧急采购价格与正常价格之间的差额、产成品紧急采购价格与其成本之间的差额都是企业的损失，计入该项目。

（2）生产线变卖产生的损失。企业出售生产线的净值与残值的差额计入该项目。

（3）出售库存产生的损失。企业出售原材料的价格与其成本之间的差额计入该项目。

（4）违约扣款。企业未能按订单要求及时交货发生违约，按该违约订单的20%计算违约金，计入该项目。

5.转产费。根据企业生产线转产支付的转产费填列。

6.租金。根据企业支付的厂房租金填列。

7.市场开拓费。根据企业本年开拓市场支付的开拓费填列，在备注栏内标明市场的名称。

8.ISO资格认证费。根据企业本年进行ISO资格认证支付的开发费填列，在备注栏内标明ISO的名称。

9.产品研发费。根据企业研发产品支付的研发费填列，在备注栏内标明研发产品的名称。

10.信息费。信息费是指企业为查看竞争对手的财务信息而支付的费用，具体由规则确定。

## 二、利润表

利润表是反映企业一定期间经营成果的财务报表。企业通过收入和成本费用的配比，计算一定时期的利润。企业通过编制利润表，可反映生产经营的收益情况、成本耗费情况，表明企业的获利能力和发展潜能。

（一）销售收入

根据订单登记表中的"销售金额"合计数来填写。组间交易产生的利益记入"其他"项目。

（二）直接成本

根据产品核算统计表中的成本合计数填列，也可根据订单登记表中的销售数量乘以单位成本后的合计数填列。

（三）毛利

毛利是销售收入减去直接成本的差额。

（四）综合管理费用

综合管理费用根据"综合管理费用明细表"中的合计数填列。

（五）折旧前利润

折旧前利润等于毛利减去综合管理费用明细表的合计数。

（六）折旧

折旧系当期生产线折旧总额，根据费用中的折旧填列。

（七）支付利息前利润

支付利息前利润等于折旧前利润减去折旧。

（八）财务费用

财务费用是当期借款所产生的利息总额，包括长期贷款和短期贷款的利息以及应收账款贴现产生的贴息。

（九）税前利润

税前利润等于支付利息前利润减去财务费用。

（十）所得税

每年年末，企业应对本年的财务状况和经营成果进行核算统计，按时上报资产负债表和利润表。企业若盈利，则应按规定缴纳税金。所得税计入应交税费，在下一年年初缴纳。所得税以弥补以前年度亏损后的余额为基数计算。

1.如果税前利润小于0，则不需缴纳所得税，即所得税等于0。

2.如果税前利润大于0，有3种情况：

（1）以前年度有亏损，企业应先弥补以前年度亏损，如税前利润+资产负债表中的利润留存大于0，差额部分按25%的税率计算当年应交所得税。

（2）以前年度有亏损，企业应先弥补以前年度亏损，如税前利润+资产负债表中的利润留存小于0，则本年不交所得税。

（3）如果以前年度盈利，当年企业所得税等于税前利润×25%。

【例4-17】企业上一年所有者权益为58M，初始所有者权益为60M，第1年的税前利润为–10M，第2年的税前利润为18 M，则第2年的应交所得税=（58M–10M+18M–60M）×25%=1.5M（向下取整）。

【例4-18】企业上一年所有者权益为62M，初始所有者权益为60M，本年的税前利润为10M，则当年的应交所得税=10M×25%=2.5M（向下取整）。

（十一）净利润

净利润等于税前利润减去所得税。下列项目是系统自动计算的，公式如下：

销售毛利=销售收入–直接成本

折旧前利润=销售毛利–综合费用

支付利息前利润=折旧前利润–折旧

税前利润=支付利息前利润–财务费用

净利润=税前利润–所得税

## 三、资产负债表

资产负债表是反映企业某一特定日期财务状况的财务报表。资产负债表分为资产、负债和所有者权益，要求资产等于负债加上所有者权益。资产负债表的内容如下：

（一）流动资产项目

1.库存现金。资产负债表中的现金是年末企业持有的现金，因此它根据企业现金结存数填写。

2.应收账款。资产负债表中的应收账款是年末企业的应收账款总数，不分账期，因此它按照应收账款4个账期的合计数填写。

3.在产品。在产品属于未完工产品，还在生产线上生产，因此它可以根据期末生产线上在产品的数量乘以各自的成本加总填写。

4.产成品。产成品是完工入库的产品。它根据产品库中的产成品数量乘以各自的成本加总填写。

5.原料。原料是供企业生产的原材料。

流动资产合计数等于上述5项的合计。

（二）固定资产项目

1.土地和建筑。它是指企业自己购入的厂房和土地等，不包括租入厂房所支付的现金。

2.机器与设备。它是指完工的生产线上的机器与设备的净值，等于生产线的原值减去它的累计折旧，根据沙盘盘面生产线净值之和填写。

3.在建工程。它是指未完工的生产线，等于在建工程的投资额合计数。

固定资产合计数等于上述3项的合计。

（三）负债项目

1.长期贷款。它是指贷款时间长于1年的贷款。它根据长期贷款余额填列。

2.短期贷款。它是指贷款时间短于1年（含1年）的贷款。它根据短期贷款余额填列。

3.应付账款。它是指因购买材料、商品或接受劳务等而发生的债务。它是买卖双方在购销活动中由于取得物资与支付货款在时间上不一致而产生的。它根据应付账款余额填列。

4.1年内到期的长期贷款。它是指长期贷款期限还有1年的贷款。

5.应交税费。它是指企业当年如果有盈利，应代扣代缴的所得税。它根据计算出的应缴纳的所得税金额填列。

负债项目合计数等于上述5项的合计。

（四）所有者权益项目

1.股东资本。它是指股东资本之和，一般不会有增资或者减资。

2.利润留存。它是指上一年的利润留存加上一年的利润。

3.年度净利。它是指当年的净利润。

所有者权益项目合计数等于上述3项的合计。

# 第六节 其他规则及评价标准

## 一、税金的计算

新商战实践平台涉及的税金只有所得税，如果某年发生亏损，则不交所得税；以后年度如果盈利，应先弥补以前年度亏损。

若去年所有者权益＜股东初始资本，所得税的计算公式为：

所得税=（税前利润+去年所有者权益−股东初始资本）×25%

若去年所有者权益＞股东初始资本，所得税的计算公式为：

所得税=税前利润×25%

企业当年的所得税在下一年年初缴纳，在资产负债表中计入应交所得税。

## 二、取整规则

违约金扣除——四舍五入；库存拍卖所得现金——向下取整；贴现费用——向上取整；扣税——四舍五入；长短期贷款利息——四舍五入。

## 三、企业破产

企业破产的标准：现金断流或所有者权益为负。

当企业所有者权益小于零（资不抵债）或现金断流时，系统视为企业破产。破产后，企业仍可以继续经营，但必须严格按照产能争取订单，每次选单前需要向裁判提出产能报告，破产企业不参加最后的成绩排名。

## 四、排名记分标准

教学结果按参加教学各组第6年结束后的最终所有者权益评判，分数高者为优胜。

如果出现最终所有者权益相等的情况，则参照各组第6年结束后的最终盘面计算盘面加分值，加分值高的组排名在前（排行榜只限于排名之用，不计入分数）。如果加分值仍相等，则比较第6年的净利润，高者排名靠前；如果还相等，则先完成第6年经营的组排名在前。

总成绩=所有者权益×（1+企业综合发展潜力/100）

企业综合发展潜力=市场资格分值+ISO资格分值+生产资格分值+厂房分值+各条生产线分值

生产线建成（包括转产）即加分，无须生产出产品，也无须有在产品；厂房必须为买。

# 第五章 新商战实践平台——学生端

通过实物沙盘的操作，初学者能清楚地了解企业的整体运作以及资金的流向，但操作出现失误不易被察觉，也不易于教师进行控制。电子沙盘则能弥补上述缺点。接下来，我们讲述新商战实践平台中学生端操作以及应注意的事项。

## 第一节　学生端注册与登录

### 一、登录系统

学生打开IE浏览器，在地址栏输入IP地址后，出现"用户登录"窗口，各组在登录窗口中输入用户名和初始密码，点击"用户登录"，即进入"用户注册"窗口。

用户名（不区分大小写）为：前缀+U01、前缀+U02、前缀+U03等，初始密码为"1"。

### 二、用户注册

学生在"用户注册"窗口（如图5-1所示）根据实际情况填写注册信息，"公司宣言"为可选项，其他项目都为必填项。我们建议学生在注册时重设密码，防止其他组用其账号注册。各职位人员姓名处可填写多人，即在一个职位中输入两个以上人员姓名。填写完注册信息，单击"确认注册"，进入"新商战"的操作界面。注册信息一经确认，不可更改。

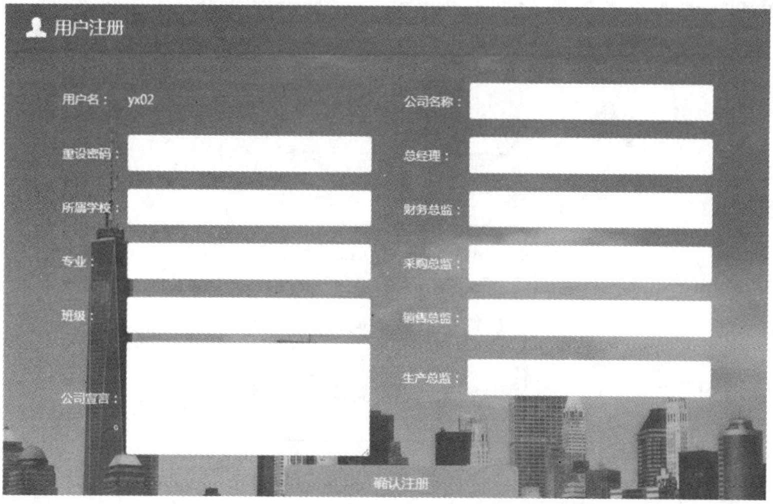

图5-1　用户注册

### 三、"新商战"的操作界面

"新商战"学生端操作界面（如图5-2所示）分为上下两大部分：上半部分展示用户信息和企业的经营状态；下半部分为操作区，包括基本流程和特殊流程。

图5-2 "新商战"学生端操作界面

用户信息区可查看当前用户名、教学班级、当前业务时间和用户状态；企业信息区可查看厂房、生产线、库存、财务、研发和认证等信息。

基本流程要按照一定的顺序依次执行，最好不要改变执行的顺序；特殊流程可以随时执行。

## 第二节 "新商战"运营流程

### 一、年度运营总流程

"新商战"模拟运营企业经营6个年度，每个年度分设4个季度运行。年度运营总流程如图5-3所示。

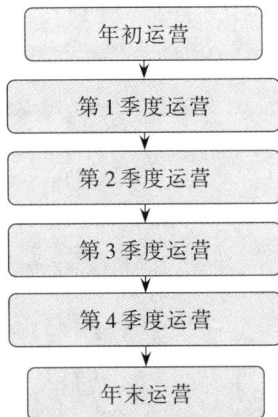

图5-3 年度运营总流程

## 二、年初运营流程

企业年初运营流程包括新年度规划会议、投放广告、支付广告费、支付所得税、参加订货会、申请长期贷款，如图5-4所示。

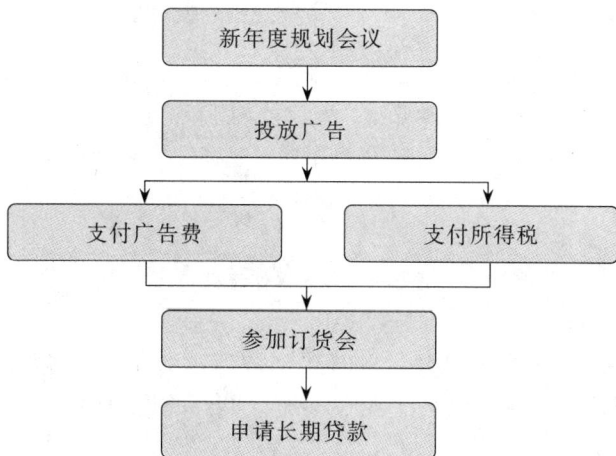

图5-4　年初运营流程

## 三、每季度内运营流程

每季度内运营流程如图5-5所示。

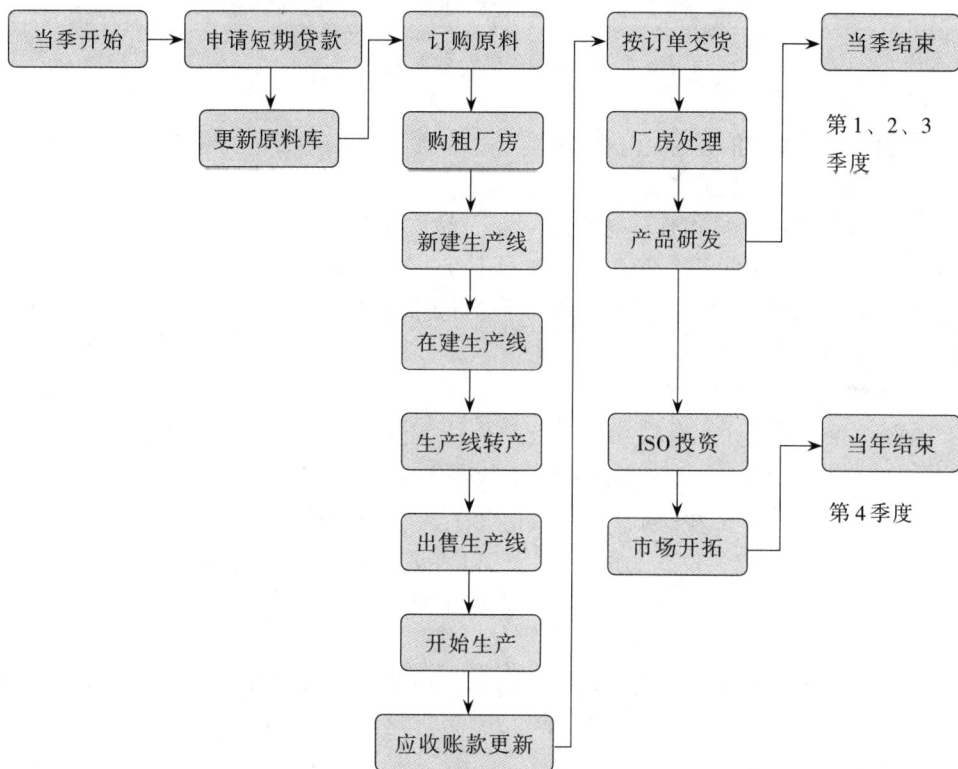

图5-5　每季度内运营流程

### 四、年末操作流程

年末操作主要包括填写报表，具体流程如图5-6所示。

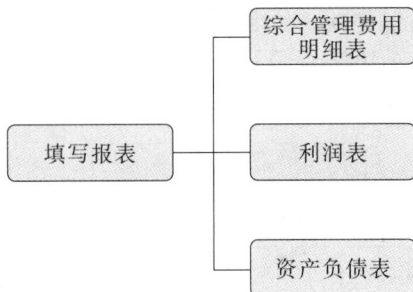

图5-6　年末操作流程

### 五、流程外运营操作

除上述运营操作外，企业随时可进行图5-7所示的操作。需要注意的是，为保证企业按规则经营，系统限制各企业在参加竞单会的过程中进行紧急采购和间谍操作。

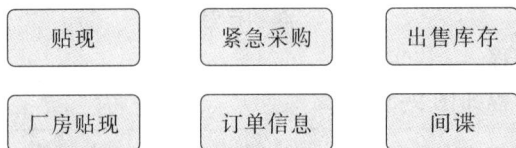

图5-7　流程外运营操作

# 第三节　"新商战"的操作

在电子沙盘中，操作任务分布在基本流程和特殊流程中。基本流程中的任务要按照一定的顺序依次执行，不允许改变执行的顺序，分为年初任务、季度任务和年末任务。特殊流程中的任务不受正常流程运行的限制，需要时就可以操作，分为两类：运行类任务和查询类任务。

### 一、基本流程中的年初任务

"新商战"中的年初任务包括投放广告、参加订货会、支付长期贷款利息或者更新长期贷款、支付税款、归还长期贷款和申请长期贷款。年初任务一年只做一次，在年初时完成。其中，新年度规划会议是系统外操作。企业投放广告时，系统自动扣除广告费、应付税、长期贷款利息和到期长期贷款本金，如果企业流动资金不足以支付这笔款项，系统提示"流动资金不足"。

（一）投放广告

第1年，任何企业都没有市场准入资格，因此当年不需投放广告，最早投放广告的时间是第2年年初。每年年初，企业需投放广告才能参加订货会，其操作如下：

1.企业在主界面下方的操作区单击"投放广告"，即可进入"投放广告"窗口，如图5-8所示。

**投放广告**

| 产品市场 | 本地 | | 区域 | | 国内 | | 亚洲 | | 国际 | |
|---|---|---|---|---|---|---|---|---|---|---|
| P1 | 0 | W | 0 | W | 0 | W | 0 | W | 0 | W |
| P2 | 0 | W | 0 | W | 0 | W | 0 | W | 0 | W |
| P3 | 0 | W | 0 | W | 0 | W | 0 | W | 0 | W |
| P4 | 0 | W | 0 | W | 0 | W | 0 | W | 0 | W |
| P5 | 0 | W | 0 | W | 0 | W | 0 | W | 0 | W |

确认　取消

图5-8　投放广告

2.如果企业没有获得某市场准入证，市场名称为红色，表示尚未开拓完成，不可在该市场投放广告；市场名称为黑色，表示企业已经取得该市场准入证，可以在该市场投放广告。

企业完成投放广告后，点击"确认"，系统自动扣除广告费，长期贷款本息及上年税金同时被自动扣除。其中，长期贷款利息是所有长期贷款加总后乘以利率再四舍五入。如果长期贷款到期，系统会扣除长期贷款本金和最后1年的利息。系统在此处会检测企业是否有足够的资金用于支付，如果流动资金不足以支付，系统会提示"流动资金不足"。此时企业可以将应收账款贴现，也可出售其厂房甚至存货。

（二）参加订货会选订单

所有企业投放完广告后，订货会方可开始。选订单的顺序由系统自动排列，选单权限由系统自动传递，有权限的队伍必须在倒计时以内做出决策（选择订单或放弃选择订单），否则系统自动视为放弃选择订单。

1.选单顺序规则

系统自动依据规则确定选单顺序：首先，上年本市场销售额最高者（无违约）为市场"老大"，可优先选单；若有多队本市场销售额并列第一，则市场"老大"由系统随机决定，可能为其中的某队，也可能无市场"老大"。其次，看本市场本产品广告费。再次，看本市场广告费总额。最后，看市场销售额排名。若仍无法决定，则先投广告者先选单。

需要注意的是，"新商战"中最小得单广告费为10W，有一次选单机会；此后每增加20W，即最小得单广告费的2倍，可多一次选单机会。

2.选单

与创业者沙盘不同的是，"新商战"沙盘选单时可以在多个市场同时进行，且各自按照P1、P2、P3、P4的顺序独立放单，如图5-9所示。本地、区域市场同时放单，若在本地市场选单，请点击对应按钮。

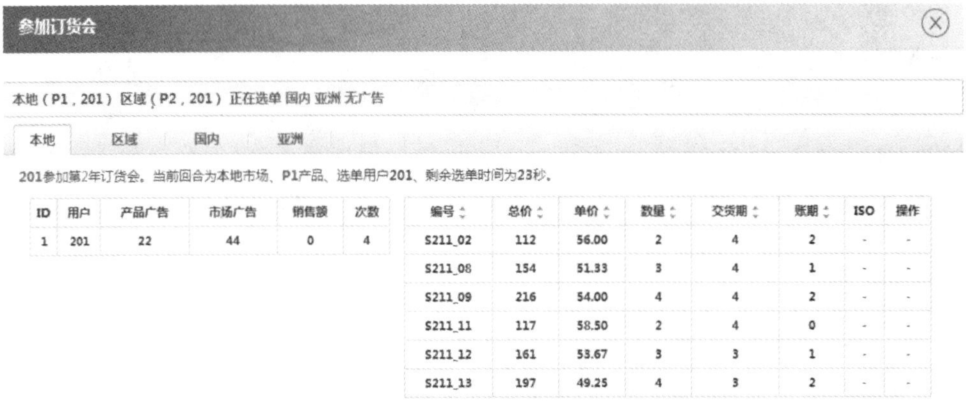
参加订货会
本地（P1，201）区域（P2，201）正在选单 国内 亚洲 无广告
本地
区域
国内
亚洲
201参加第2年订货会。当前回合为本地市场、P1产品、选单用户201、剩余选单时间为23秒。
ID 用户 产品广告 市场广告 销售额 次数
1 201 22 44 0 4
编号 总价 单价 数量 交货期 账期 ISO 操作
S211_02 112 56.00 2 4 2 - -
S211_08 154 51.33 3 4 1 - -
S211_09 216 54.00 4 4 2 - -
S211_11 117 58.50 2 4 0 - -
S211_12 161 53.67 3 3 1 - -
S211_13 197 49.25 4 3 2 - -

图5-9　选单

在“新商战”沙盘中，每回合选单可能有若干轮，每轮选单中，各企业按照排定的顺序，依次选单，但只能选一张订单。当所有企业都选完一轮后，若还有订单，开始进行第二轮选单，各企业行使第二次选单机会，以此类推，直到所有订单被选完或所有企业退出选单为止，本回合结束。

在选单过程中，系统将选单权限自动传递。当轮到某一企业选单时，系统以倒计时的形式给出本次选单的剩余时间。每次选单的时间上限为系统设置的选单时间，选中后在倒计时大于5秒时确认选单，否则系统自动视为放弃选择订单。无论是主动放弃还是超时系统放弃，都将视为企业退出本回合选单。如果企业放弃某回合中一次机会，视同放弃本回合所有机会，但不影响以后回合选单，也可查看其他企业选单。企业选单时可以对订单各要素（总价、单价、交货期、账期等）进行排序，辅助选单。另外，系统自动判定企业是否有ISO资格证，如果企业没有ISO资格证，则不能选择有ISO资格认证要求的订单。

3.竞单（竞拍）

竞单（竞拍）参见第四章第一节。

4.申请长期贷款

选单结束后，企业可在最大贷款额度内申请长期贷款，一年只能申请一次。企业选择贷款的年限和额度如图5-10所示。

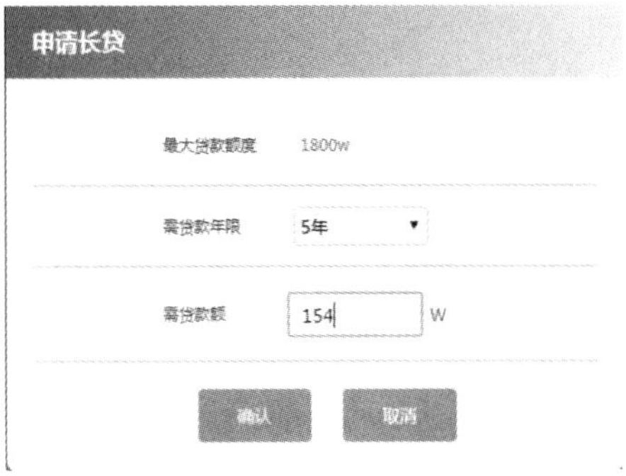
申请长贷
最大贷款额度 1800w
需贷款年限 5年
需贷款额 154 W
确认
取消

图5-10　申请长期贷款

其中，贷款的额度为上年所有者权益的 N 倍，N 由管理教师在参数设置中设定。贷款的年限为 1 年、2 年、3 年、4 年、5 年。需贷款的金额由企业根据自身的计划填写，贷款金额为 10W 的倍数，且不能超过最大贷款额度。长期贷款的利息分期支付，到期一次还本。年利率由管理教师在参数设置中设定。

## 二、流程运行任务——4 季任务

企业每年的经营分为 4 个季度。每个季度经营任务的开始与结束都需要确认"当季开始"和"当季（年）结束"，其中第 4 季度结束时显示"当年结束"。在经营过程中，系统只显示允许的操作，选择某操作单击即可。基本流程的操作顺序并无严格要求，但建议按流程走。其中，更新原料库和更新应收账款为每季必走流程。

在经营过程中，如果现金不够，系统提示"流动资金不足"，企业应紧急融资，如出售库存、应收账款贴现、厂房贴现等。如果企业破产，无法继续经营，自动退出系统，此时可联系裁判修改经营状态。

（一）当季开始

每个季度开始时，需单击"当季开始"，系统弹出"当季开始"窗口，如图 5-11 所示。单击"确认"后，系统将自动扣除短期贷款本息，完成更新生产、产品入库及转产操作；同时，关闭所有的年初任务，开启申请短期贷款和更新原料库及原材料入库。

**图 5-11　当季开始**

（二）申请短期贷款

申请短期贷款金额应小于"申请短贷"对话框中的最大贷款额度，一个季度只能操作一次，申请额为 10W 的倍数。其操作如下：

1.单击主页面下方操作区中菜单"申请短贷",弹出"申请短贷"对话框,如图5-12所示。

**图5-12 申请短贷**

2.在"需贷款额"中输入金额,点击"确认"后申请短期贷款成功,现金增加。

短期贷款年限默认为1年,到期一次还本付息。年利率由管理教师在参数设置中完成。

假定短期贷款年利率为5%,企业若在第1年第1季度贷入20W,那么,企业需在第2年第1季度偿还该笔短期贷款的本金20W和利息1W(20W×5%)。

(三)更新原料

更新原料为必做操作。该操作完成后,前面的操作权限关闭,后续的操作(从下原料订单到应收款更新)权限方可开启。其操作如下:

1.单击"更新原料",弹出"更新原料"窗口,如图5-13所示。

**图5-13 更新原料**

2.现付金额为系统自动提示,即需要支付的现金,不可更改,单击"确认"后系统自动扣减现金,同时增加原材料的数量。如果有更新的原材料,则系统自动更新,即将在途订单推进1季。更新原料每个季度只能操作一次。

(四)下原料订单

原料订单一经确认就不可退订,企业可选择不下订单。下原料订单一季只能操作一次。其操作如下：

1.单击"下原料订单"，进入"订购原料"窗口，如图5-14所示。

图5-14　订购原料

2.输入所有需要的原料数量，然后按"确认"即可。

（五）购置厂房

厂房可以买也可以租，系统提供3种厂房，即大厂房、中厂房、小厂房。企业最多可使用4个厂房，可以任意组合，如租三买一或租一买三。生产线不可在不同厂房之间移位。其操作如下：

1.单击"购置厂房"，进入"购租厂房"窗口，如图5-15所示。

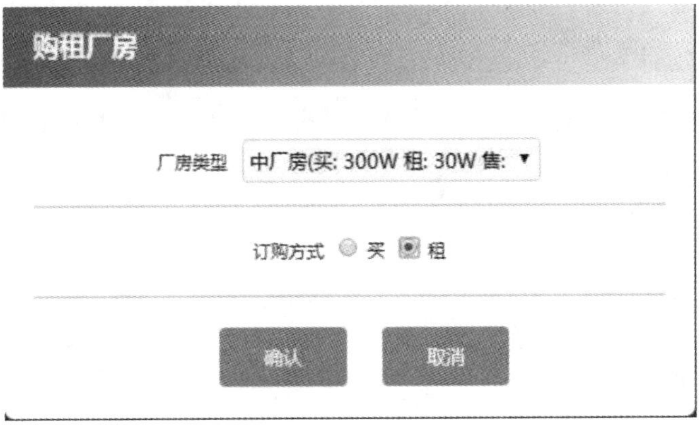

图5-15　购租厂房

2.在"厂房类型"中可选择厂房类型，在"订购方式"中可选择买或者租，单击"确认"后系统扣除相应金额，增加厂房。

（六）新建生产线

系统提供4种生产线，即超级手工生产线、自动生产线、柔性生产线和租赁生产线。其操作如下：

1.单击"新建生产线"，进入"新建生产线"窗口，如图5-16所示。

**图5-16　新建生产线**

2.在"所属厂房"中可选择厂房，通过"类型"下拉菜单可选择生产线，在"生产产品"中可选择产品的类型。新建生产线一个季度可操作多次，直至生产位铺满。

（七）在建生产线

投资未完成的生产线可以继续投资，也可以暂停投资或者中断投资。如果继续投资，其操作如下：

1.单击"在建生产线"，进入"在建生产线"窗口，如图5-17所示。

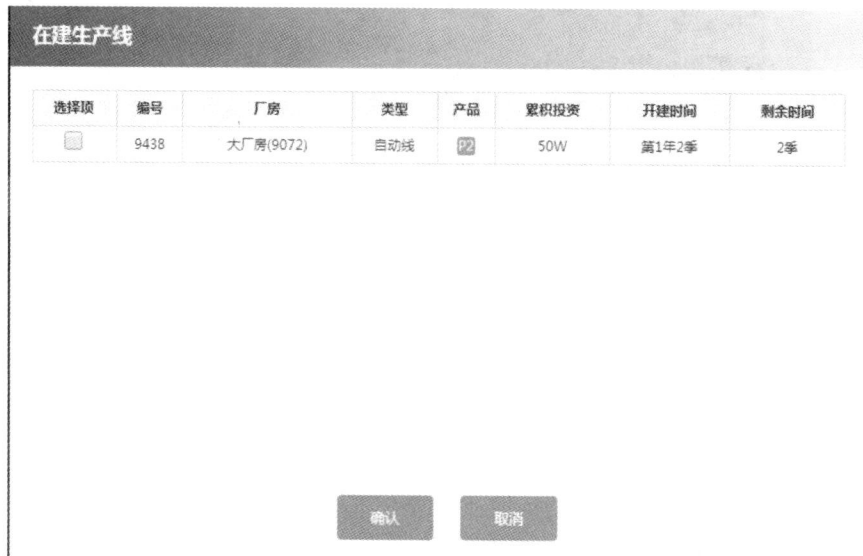

| 选择项 | 编号 | 厂房 | 类型 | 产品 | 累积投资 | 开建时间 | 剩余时间 |
|---|---|---|---|---|---|---|---|
| ☐ | 9438 | 大厂房(9072) | 自动线 | P2 | 50W | 第1年2季 | 2季 |

**图5-17　在建生产线**

2.系统自动列出投资未完成的生产线，企业可查看生产线的累计投资额、剩余建设时间，复选需要继续投资的生产线，单击"确认"，系统将扣除投资额。当然，也可不选。在建生产线一个季度只可操作一次。

（八）生产线转产

生产线可以转产，转产周期大于等于1；此外，生产线需停产相应的期间，每个期间需支付相应的转产费用。如果转产周期大于等于2，需要继续转产。其操作如下：

1.单击"生产线转产"，进入"生产线转产"窗口。

2.单击要转产的生产线"转产"按钮，此时生产线已建成但没有在产品；选择转产生产产品，单击"确认投资"即可。该操作每个季度可多次进行。

（九）变卖生产线

企业可变卖生产线，变卖的价格按生产线的残值计算。变卖后，企业从价值中按残值收回现金，高于残值的部分计入当年费用的损失项目。其操作如下：

1.单击"变卖生产线"，进入"变卖生产线"窗口。

2.系统自动列出可变卖的生产线，即建成后没有在产品的空置生产线，但转产的生产线不可变卖；选择要变卖的生产线，单击"确认"即可。

（十）开始下一批生产

系统自动检测原料、生产资格、加工费并自动扣除原料及加工费；如果不符合生产条件，系统将提示原因。企业也可选择停产。其操作如下：

1.单击"开始下一批生产"，进入"开始下一批生产"窗口，如图5-18所示。

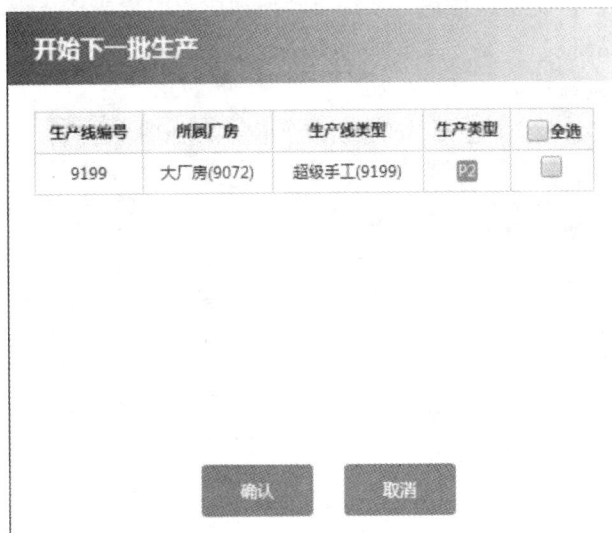

| 生产线编号 | 所属厂房 | 生产线类型 | 生产类型 | □全选 |
|---|---|---|---|---|
| 9199 | 大厂房(9072) | 超级手工(9199) | P2 | □ |

确认　　取消

图5-18　开始下一批生产

2.系统列示空生产线，选择生产线。

3.单击"确认"即可。

（十一）应收款更新

这步操作后，前面的各项操作权限关闭（不能返回以前的操作任务），并开启以后的操作任务——按订单交货、产品研发、厂房处理——权限。其操作如下：

1.单击"应收款更新",进入"应收款更新"窗口,如图5-19所示。

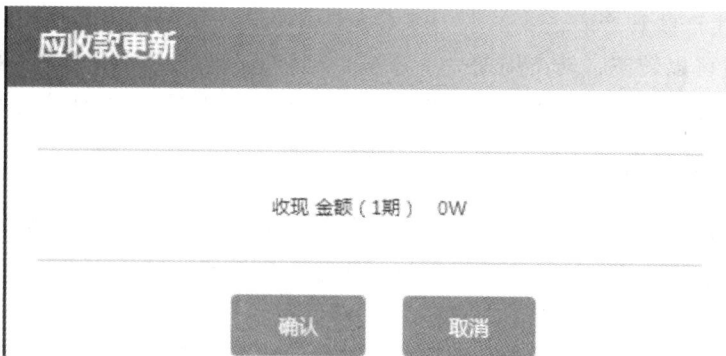

**图5-19　应收款更新**

2.系统自动列示收现金额,单击"确认"后系统自动完成应收款收现或者更新。

（十二）按订单交货

企业应根据订单要求按时交货,超过交货期则不能交货,系统视为违约订单,并在年底扣除违约金（列支在损失项目中）。其操作如下:

1.单击"按订单交货",进入"按订单交货"窗口。

2.系统自动列出当年未交货订单,系统自动检测成品库存是否足够、交单时间是否过期,按"确认交货"按钮,系统自动增加应收账款或现金。

（十三）产品研发

企业可以研发新产品,其操作如下:

1.单击"产品研发",进入"产品研发"窗口,如图5-20所示。

**图5-20　产品研发**

2.复选操作,需同时选定要开发的所有产品。产品研发一个季度只操作一次。

3.单击"确认"并退出本窗口,一旦退出,本季度不能再次进入。

当季（年）结束,系统检测产品研发是否完成。

（十四）厂房处理

系统提供3种厂房处理方式，即买转租、退租、租转买。

如果企业将厂房出售，厂房里无生产线，可增加40W、4Q的应收账款，并删除厂房。

如果厂房里有生产线，则增加4Q的应收账款，同时扣除当年租金，记下租入时间。

如果之前厂房是租的，企业在离上次付租金满一年时，可以将厂房转为购买，并立即扣除租金；如果无生产线，可在退租的同时删除厂房；如果不执行本操作，视为续租，并在当季结束时自动扣除下一年的租金。其操作如下：

1.单击"厂房处理"，进入"厂房处理"窗口，如图5-21所示。

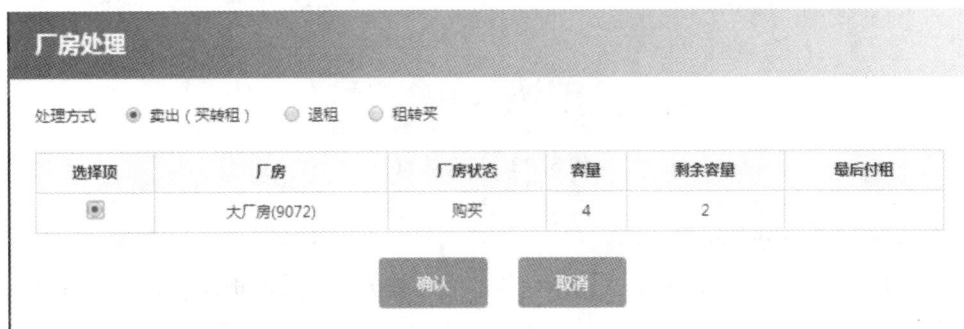

| 选择项 | 厂房 | 厂房状态 | 容量 | 剩余容量 | 最后付租 |
|---|---|---|---|---|---|
| ◉ | 大厂房(9072) | 购买 | 4 | 2 | |

图5-21　厂房处理

2.选择要处理的厂房及处理的方式。

3.单击"确认"即可。

（十五）市场开拓

系统提供5种市场，均需要开拓，每年只能在第4季度操作一次。第4季度结束，系统自动检测市场开拓是否完成。其操作如下：

1.单击"市场开拓"，进入"市场开拓"窗口，如图5-22所示。

| 选择项 | 市场 | 投资费用 | 投资时间 | 剩余时间 |
|---|---|---|---|---|
| ✔ | 本地 | 10W/年 | 1年 | - |
| ✔ | 区域 | 10W/年 | 1年 | - |
| ✔ | 国内 | 10W/年 | 2年 | - |
| ✔ | 亚洲 | 10W/年 | 3年 | - |
| ✔ | 国际 | 10W/年 | 4年 | - |

图5-22　市场开拓

2.复选所有要开拓的市场，然后按"确认"按钮。

（十六）ISO投资

系统提供两种ISO投资，即ISO9000和ISO14000，每年只能在第4季度操作一次。第4季度结束，系统自动检测投资是否完成。其操作如下：

1.单击"ISO投资"，进入"ISO投资"窗口，如图5-23所示。

| 选择项 | ISO | 投资费用 | 投资时间 | 剩余时间 |
|---|---|---|---|---|
| ☐ | ISO9000 | 10W/年 | 2年 | -- |
| ☐ | ISO14000 | 15W/年 | 2年 | -- |

图5-23　ISO 投资

2.复选所有要投资的ISO，然后按"确认"按钮。

（十七）当季结束

每个季度经营完成需要确认当季结束，前3个季度当季结束时，系统会自动扣除管理费用（10W/Q）及租金，并且检测产品研发完成情况。第4季度经营结束，系统提示为"当年结束"。除了完成季度任务外，系统还会在后台自动进行支付设备维修费、计提折旧、违约扣款等操作，并且检测市场开拓、ISO投资的完成情况。其操作如下：

1.单击"当季（或当年）结束"，弹出"当季（或当年）结束"窗口，如图5-24所示。

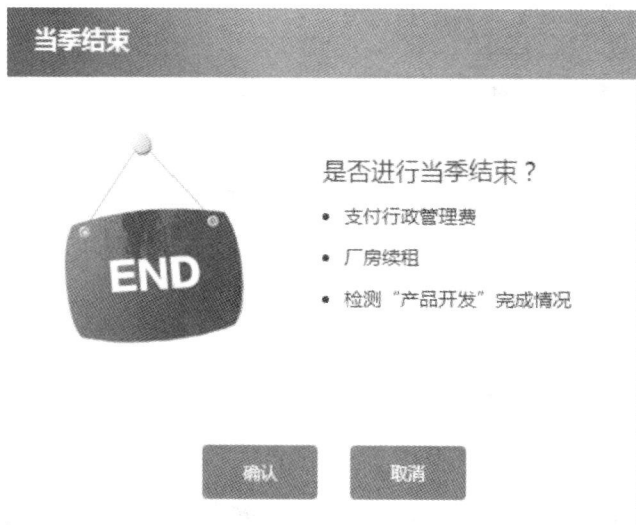

图5-24　当季结束

2.系统自动完成右边所示任务，并在后台生成3个报表。

（十八）填写报表

年末完成经营后，企业需要在系统中填写报表。企业在客户端填写资产负债表、利润表和综合管理费用明细表，系统自动检测其正确与否，不正确的会提示；企业也可以不填写报表，不影响后续经营。

### 三、特殊运行任务

特殊运行任务是不受正常流程运行顺序的限制，当需要时就可以操作的任务。此类任务分为两类：第一类为运行类任务，改变企业资源的状态，如固定资产变为流动资产等；第二类为查询类任务，不改变任何资源的状态，只是查询资源情况。

（一）厂房贴现

厂房贴现是将厂房处理和贴现一并处理。如果厂房内有生产线，厂房按原价出售，按4Q应收账款贴现，根据12.5%的贴现率计算贴息，同时扣除租金，最后企业获得的现金为售价减去贴息和租金的差额。如果厂房内没有生产线，不需支付租金，获得的现金为售价减去贴息。厂房贴现在任意时间均可进行。其操作如下：

1.单击"厂房贴现"，进入"厂房贴现"窗口，如图5-25所示。

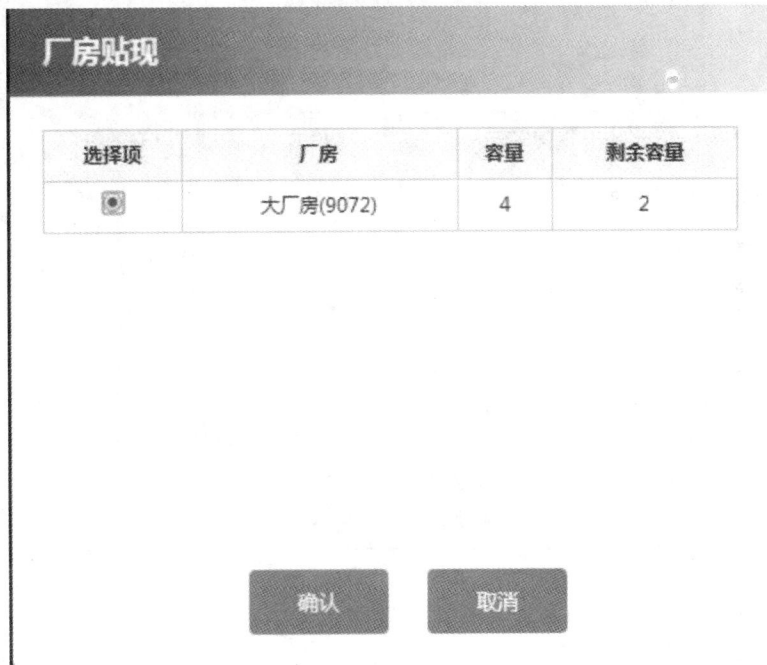

| 选择项 | 厂房 | 容量 | 剩余容量 |
|---|---|---|---|
| ⊙ | 大厂房(9072) | 4 | 2 |

图5-25　厂房贴现

2.选择要贴现的厂房，单击"确认"即可。

（二）紧急采购

企业可以紧急采购原材料或者产成品，立即扣款到货。原材料紧急采购的价格为正常价格的2倍，产成品紧急采购的价格为其成本的3倍。无论原材料还是产成品，在紧急采购时，高于标准价格的部分都计入综合管理费用的"其他"项目，即损失。紧急采购除了在竞单时不允许操作外，其他时间都可操作。其操作如下：

1.单击"紧急采购"，进入"紧急采购"窗口，如图5-26所示。

**图5-26　紧急采购**

2.单选需购买的原材料或产品，填写购买数量后点击"确认采购"。

（三）出售库存

如果企业出现资金短缺，需要筹资，可随时出售原材料或者产成品。原材料按标准价格的八折出售，产成品按成本价出售。企业出售库存后取得相应的现金，出售后的损失计入综合管理费用的"其他"项目；如果有小数，则所取得的现金四舍五入。其操作如下：

1.单击"出售库存"，进入"出售库存"窗口，如图5-27所示。

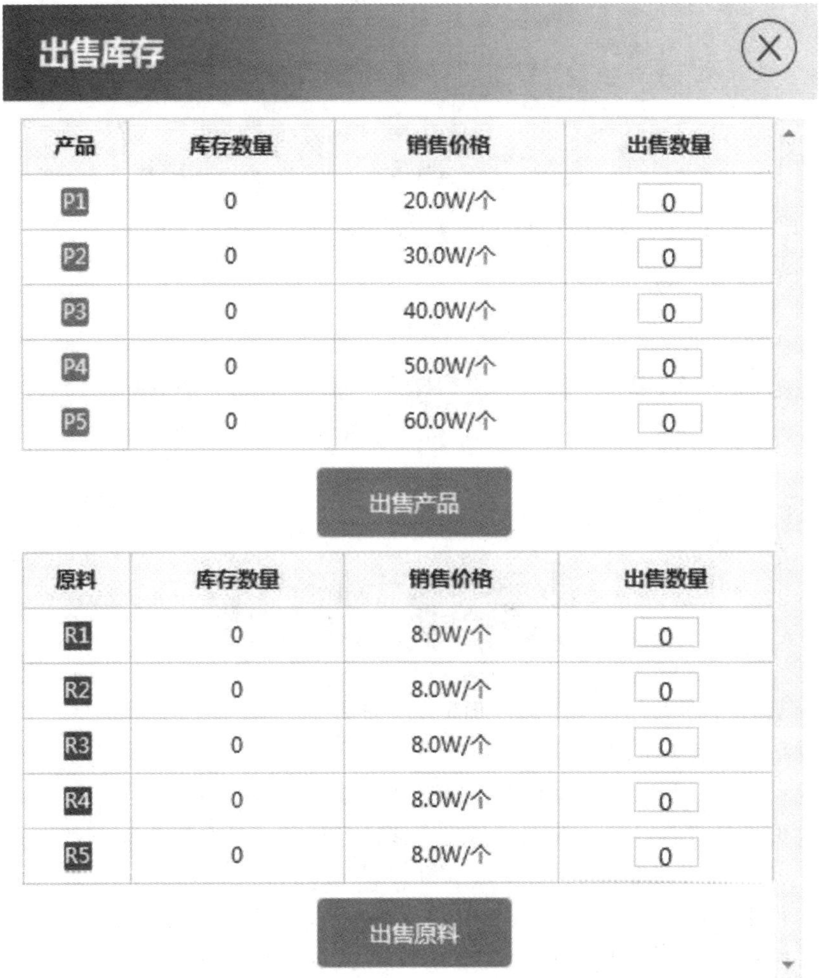


| 产品 | 库存数量 | 销售价格 | 出售数量 |
|---|---|---|---|
| P1 | 0 | 20.0W/个 | 0 |
| P2 | 0 | 30.0W/个 | 0 |
| P3 | 0 | 40.0W/个 | 0 |
| P4 | 0 | 50.0W/个 | 0 |
| P5 | 0 | 60.0W/个 | 0 |

| 原料 | 库存数量 | 销售价格 | 出售数量 |
|---|---|---|---|
| R1 | 0 | 8.0W/个 | 0 |
| R2 | 0 | 8.0W/个 | 0 |
| R3 | 0 | 8.0W/个 | 0 |
| R4 | 0 | 8.0W/个 | 0 |
| R5 | 0 | 8.0W/个 | 0 |

图5-27　出售库存

2.填入出售原材料或产成品的数量，然后确认出售。

（四）贴现

企业可将应收账款进行贴现，账期为1Q、2Q的应收账款与账期为3Q、4Q的应收账款分开贴现；填入的贴现额应小于等于对应的应收账款额。其操作如下：

1.单击“贴现”，进入“贴现”窗口，如图5-28所示。

2.输入贴现额，乘对应贴现率，求得贴现费用（向上取整），贴现费用计入财务费用，其他部分增加现金；然后单击“确认”。

（五）特殊流程中的查询类任务

1.订单信息查询

订单信息查询可以在任何时间操作。其操作如下：单击主页面下的“订单信息”，系统弹出“订单信息”窗口；在“订单信息”窗口可以查看订单的数量、总价、交单状况。如果企业未交货，系统在交单栏显示空白。

## 贴现

| 剩余账期 | 应收款 | 贴现额 |
|---|---|---|
| 1季 | 0W | 0 W |
| 2季 | 0W | 0 W |

| 剩余账期 | 应收款 | 贴现额 |
|---|---|---|
| 3季 | 0W | 0 W |
| 4季 | 0W | 0 W |

确认　　　取消

图5-28　贴现

2.商业情报收集（间谍）

企业可以在任意时间查看任意一家企业的信息，包括资质、厂房、生产线、订单等，也可以免费获得自己的相关信息。该任务所花费的金额参见参数设置。其操作如下：

（1）单击"商业情报收集"，弹出"商业情报收集"窗口。

（2）单击"确认下载"，可以获得Excel格式的综合信息。

3.市场预测

企业可以查询市场预测信息，不包括竞单信息。该任务可在任意时间操作。

4.破产检测

系统判断企业破产的标准为资金断流或者所有者权益为负数。

在企业广告投放完毕、当季开始、当季（年）结束、更新原料等处，系统自动检测已有现金加上应收账款贴现和出售库存（一项项出售）及厂房贴现是否足够支付本次发生的费用，如果不够，则企业破产退出系统；如需继续经营，联系管理教师进行处理。

当年结束，若所有者权益为负，企业破产退出系统；如需继续经营，联系管理教师进行处理。

# 第六章 新商战实践平台——教师端

新商战实践平台的系统管理属于后台操作，由系统管理员和教师使用，主要分为系统初始化设置和日常管理。

## 第一节 系统管理的操作

### 一、系统启动

新商战实践平台安装完成后，桌面上会显示运行程序的快捷方式。在插入加密狗并保证当前网络环境可连接外网的情况下点击快捷方式，弹出"启动系统"窗口，如图 6-1 所示。在该窗口，可以完成端口设置、启动系统、系统初始化以及导出和导入规则方案与订单方案。

图 6-1 启动系统

（一）端口设置

为了和运行环境中已有系统端口不发生冲突，系统提供端口设置功能（如图 6-2 所示），一般情况下默认端口即可；如果与已有端口发生冲突，修改端口设置。如果 admin 密码需修改，可单击"重置 admin 密码"。

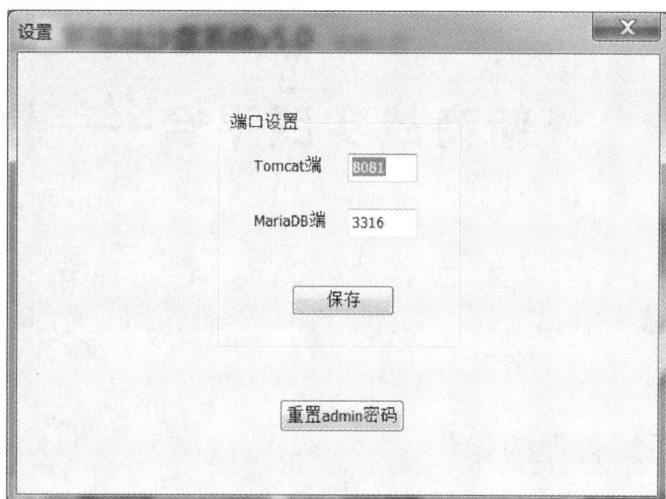

图6-2　端口设置

（二）启动系统

在系统启动窗口点击"启动系统"，会弹出对话框自动运行服务，在显示数据库已经启动的信息后，就可以在浏览器中输入"IP+端口"，如127.0.0.1：8081，运行就可以进入"新商战"登录界面，如图6-3所示。注意：浏览器版本需为IE8以上，使用360浏览器的话需要选择极速模式。

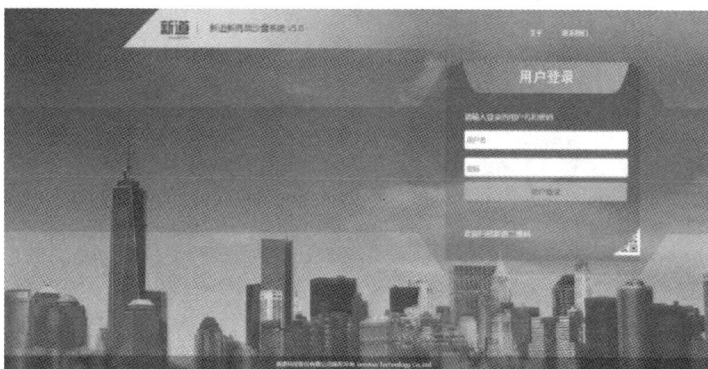

图6-3　"新商战"登录界面

（三）系统初始化

在"启动系统"服务后才可操作"系统初始化"按钮，此功能是清除系统中的规则方案和订单方案，保证系统数据库干净。

（四）导入规则方案和导入订单方案

教师可以导入自制的规则方案和订单方案，但是导入方案功能需在"启动系统"服务后才能使用。

系统默认导入5套规则方案以及配套的订单方案，如果需要新的方案，可点击"导入订单方案""导入规则方案"，就会弹出选择文件的对话框；如果看不到文件，可把文件类型选成所有文件，需要的文件就会显示出来。

（五）导出规则方案和导出订单方案

系统还提供了导出方案功能，需在"启动系统"服务后才能使用。

点击"导出规则方案""导出订单方案"，可以将新商战实践平台中已有的方案导出。该功能可以帮助教师在丢失方案原稿的情况下及时找回并保存。

## 二、系统管理的初始化

系统管理员可以管理教师账号与权限、创建教学班、备份与还原数据。

（一）系统管理员登录

1.打开 IE 浏览器，输入"http：//+服务器 IP 地址+端口号码"，进入用户登录界面。

2.系统管理员以"admin"账号登录系统，初始密码为"1"，单击"用户登录"，进入"系统管理员"窗口，如图6-4所示。

图6-4 系统管理员

（二）创建教学班

"新商战"系统支持用户建立多个教学班并授课，共用一台服务器，并且可以控制教学班的开课状态：暂停、关闭或删除。关闭的教学班教师仍可以查看历史数据，为院校教学统一管理提供了便利。其操作如下：

1.单击"创建教学班"，进入"创建教学班"窗口，如图6-5所示。

请输入教学班名称：_____ 创建

| 序号 | 教学班名称 | 状态 | 操作 |
|------|-----------|------|------|
| 1 | 新商战演示3 | 未初始化 | 关闭 |
| 2 | 新商战演示4 | 正在进行 | 暂停 关闭 |
| 3 | 新商战演示2 | 已暂停 | 恢复 关闭 |
| 4 | 新商战演示 | 已结束 | 删除 |

图6-5 创建教学班

2.系统管理员输入教学班名称，可以是简称，单击"创建"，班级即创建成功。建成后的教学班有4种状态，分别为：

（1）未初始化，表示教学班建成后还未使用，点击"关闭"变为"已关闭"状态，教学班无法再使用。

（2）正在进行，表示教学班正在使用中，点击"暂停"变为"已暂停"状态，"暂停"状态的教学班学生端不能使用；点击"关闭"变为"已关闭"状态。

（3）已暂停，表示已在使用的教学班本次课程未完成，下次课程时间再次使用，点击"恢复"变为"正在进行"状态，学生端就可以继续使用了；点击"关闭"变为"已关闭"状态。

（4）已结束，表示教学班已经完成教学计划且已经处于"关闭"状态，点击"删除"后，可以将教学班的所有信息清除。

（三）教师管理

"新商战"系统支持用户建立多个教师账户，其操作如下：

1.单击"教师管理"，弹出"用户管理"窗口，如图6-6所示。

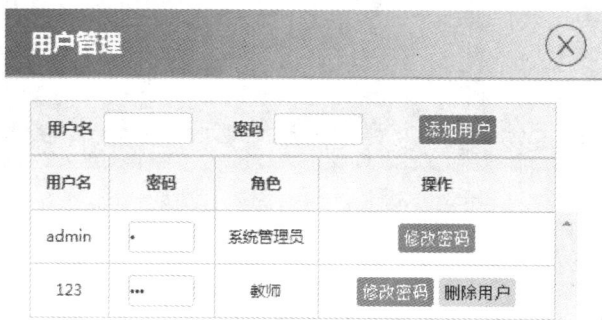

图6-6 用户管理

2.新增用户：输入新增用户名和密码，单击"添加用户"，即增加成功。

3.修改密码：在用户列表中选择"修改密码"，即可修改密码。

4.删除用户：在用户列表中单击"删除用户"，即可删除用户。

（四）权限管理

"新商战"系统支持教师与教学班之间进行多对多管理，一个教学班可以由多名教师管理，一名教师也可以管理多个教学班。其操作如下：

1.单击"权限管理"，进入"任命教学班教师"窗口，如图6-7所示。

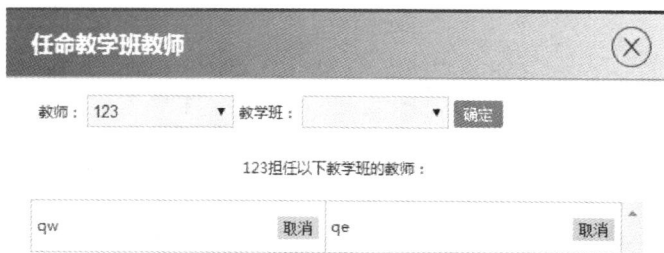

图6-7 任命教学班教师

2.先选择"教师",再选择"教学班",单击"确定"即可。

（五）数据备份和还原

数据备份用于多个教学班一次性备份，有利于保存同期开课的教学班数据及存档。"新商战"系统支持用户按教学需要手动备份数据与还原，同时系统还有自动备份数据功能，防止数据丢失。

1.单击"数据备份"，进入"数据备份"窗口，如图6-8所示。

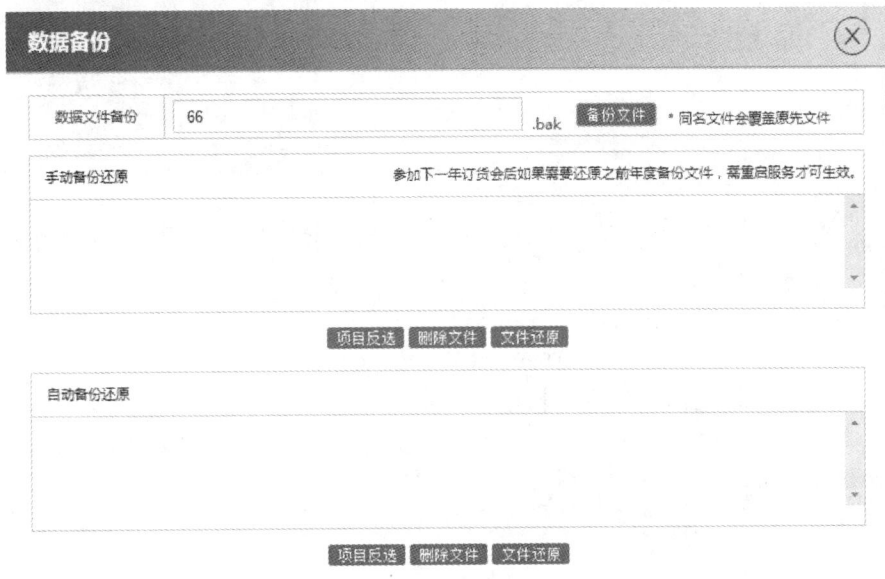

**图6-8 数据备份**

2.在数据备份处输入备份数据的文件名，单击"备份文件"即可。新文件在"手动备份还原"下方显示。

点击"项目反选"，可以选择全部文件或取消；勾选某一个文件，点击"删除文件"，该文件就被删除；点击"文件还原"，可以还原该备份文件。

数据还原是在数据备份处选择需要还原的文件名，单击"文件还原"，即可恢复上次的数据。

# 第二节 教师端的操作

教师端可以进行初始化操作，查询每组信息，进行操作区管理和主页面上的公告信息管理，说明经营规则，进行市场预测管理。

**一、初始化操作**

教师可以设置用户的前缀和队数，选择订单方案和规则方案，设置参数表中的各种信息，也可以对每个教学班进行个性化参数设置。其操作如下：

1.教师在用户登录界面输入用户名和密码，单击"确定"，进入教师端操作窗口，如图6-9所示。

图6-9　教师端操作界面

2.单击"初始化操作",进入初始化界面。

3.单击"教学班初始化",进入"教学班初始化"窗口,如图6-10所示。

图6-10　教学班初始化

4.输入比赛名称、用户名前缀和队数、订单方案和规则方案,并在参数设置中自行设置参数,单击"确定",弹出提示框"初始化成功"。

需要注意的是，点击"预览"，可以预览订单与规则。

## 二、日常管理

日常管理主要是查询每组信息，进行选单管理、竞单管理等教学管理。已经初始化的教学班显示"正在进行"，选择要管理的教学班，点击教学班名称，进入该教学班。主界面列示该班级和组名，选择主页面下方的操作模块，可以进行相应的操作。

（一）查询每组经营信息

点击主页面上方学生组号，主页面中间区域显示该组各项经营信息（如图6-11所示），包括公司资料、库存采购信息、研发认证信息、财务信息、厂房信息、生产信息。

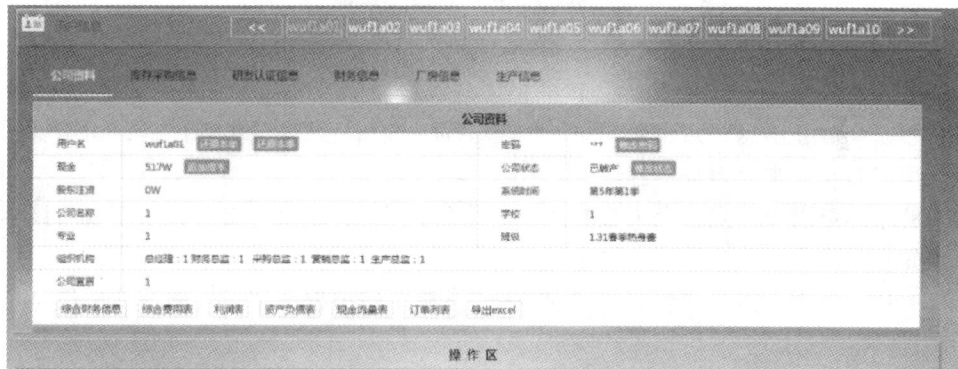

图6-11　每组经营信息查询

1.公司资料：点击"学生组号"后默认显示公司资料页签。

2.还原本年：点击公司资料下"还原本年"，弹出提示框，点击"确定"，可将该学生组的经营回退到当年年初重新开始经营。

3.还原本季：点击公司资料下"还原本季"，弹出提示框，点击"确定"，可将该学生组的经营回退到当季季初重新开始经营。

4.修改密码：点击公司资料下"修改密码"，显示弹出框，在"新密码"后面的编辑框内输入改后的密码，点击"确认"即完成修改。

5.追加资本：点击公司资料下"追加资本"，弹出"用户融资"窗口，如图6-12所示。在"注入金额"编辑框内输入要增加的金额数字，选择注资类别（特别贷款或股东注资），点击"确认"即完成用户融资。

图6-12　用户融资

6.修改状态：点击公司资料下"修改状态"，弹出"修改状态"窗口，如图6-13所示，显示该用户的当前经营状态。点击"拟修改状态"的下拉框，可以选择未运营、正在运营或破产，点击"确认"即完成用户经营状态修改。

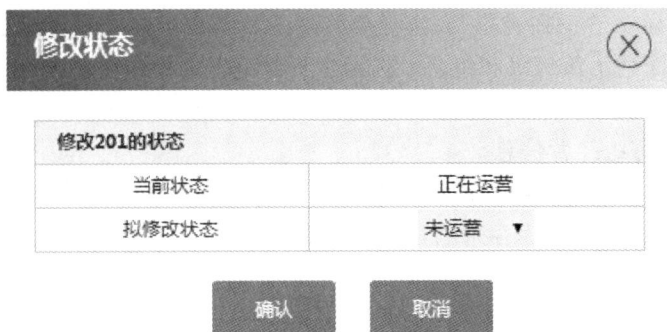

| 修改201的状态 | |
|---|---|
| 当前状态 | 正在运营 |
| 拟修改状态 | 未运营 ▼ |

确认　　取消

图6-13　修改状态

7.综合财务信息：点击公司资料下"综合财务信息"，显示弹出框，用于查阅该学生组当年的主要财务信息。

8.综合费用表：点击公司资料下"综合费用表"，显示弹出框，用于查阅该学生组每年的综合费用表。

9.利润表：点击公司资料下"利润表"，显示弹出框，用于查阅该学生组每年的利润表。

10.资产负债表：点击公司资料下"资产负债表"，显示弹出框，用于查阅该学生组每年的资产负债表。

11.现金流量表：点击公司资料下"现金流量表"，显示弹出框，用于查阅该学生组每年的现金流量表。

12.订单列表：点击公司资料下"订单列表"，显示弹出框，用于查阅该学生组每年的市场订单以及订单的完成状态和完成时间。

13.导出Excel：点击公司资料下"导出excel"，显示弹出框，点击"下载"，将该学生组的各项经营信息导出为Excel格式保存，默认文件名为组号+时间。导出后，点开可查询各经营表格。

14.库存采购信息：点击学生组号下的"库存采购信息"页签，显示该学生组的原料订购、原料库存、产品库存信息。

15.研发认证信息：点击学生组号下的"研发认证信息"页签，显示该学生组的市场开拓、产品研发、ISO认证信息。

16.财务信息：点击学生组号下的"财务信息"页签，显示该学生组的应收账款、长期贷款、短期贷款、特别贷款信息。

17.厂房信息：点击学生组号下的"厂房信息"页签，显示该学生组的厂房信息。

18.生产信息：点击学生组号下的"生产信息"页签，显示该学生组的生产线信息。

（二）选单管理

1.若所有学生都未投放广告或者订货会结束，单击"选单管理"，系统提示订货会已经结束或没有投放广告的用户。

2.当有部分学生投放广告时，单击"选单管理"，显示每组投放广告的时间。

3.当所有学生投放完广告时，单击"选单管理"，弹出"选单管理"窗口，如图6-14所示，教师单击"开始选单"。

## 选单管理 ✕

**第2年订货会管理**

| 合计回合数 | 33 | 剩余回合数 | 24 |
| --- | --- | --- | --- |
| 本年合计订单数 | 70 | 本年剩余订单数 | 63 |
| 重新选单　计时恢复 | | | |

**本地**

| 产品 | P1 | 当前回合 | 8 |
| --- | --- | --- | --- |
| 总回合数 | 11 | 剩余回合数 | 3 |
| 当前选单用户 | 201 | 剩余选单时间 | 23 |

**区域**

| 产品 | P2 | 当前回合 | 1 |
| --- | --- | --- | --- |
| 总回合数 | 11 | 剩余回合数 | 10 |
| 当前选单用户 | 201 | 剩余选单时间 | 11 |

取消

**图6-14　选单管理**

4.系统提示"订货会开始"，单击"确定"。

5.进入订货会选单管理界面，"选单管理"窗口显示选单过程记录、选单时间、剩余回合、剩余单数等。

6.点击"重新选单"，订货会重新开始；点击"计时暂停""计时恢复"，可操作是否暂停订货会选单。

7.当选单全部结束后，页面弹出提示框，本年订货会结束。

（三）竞单管理

"新商战"系统设有竞单管理，教师可以决定竞单会在哪年开。其操作如下：

1.单击"竞单管理",弹出"竞单管理"窗口,如图6-15所示。

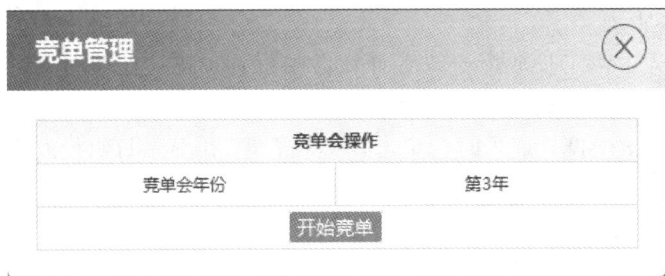

| 竞单管理 | ⊗ |
|---|---|
| **竞单会操作** | |
| 竞单会年份 | 第3年 |
| 开始竞单 | |

图6-15 竞单管理

2."竞单管理"窗口显示"竞单会年份",单击"开始竞单"。

3.系统提示"竞单会正式开始",单击"确定"。

4.进入竞单会管理界面,该界面显示当前回合和剩余竞单数以及各组竞单列表。如果点击"重新竞单",竞单会重新开始。如果点击"计时恢复"或"计时暂停",可以继续或暂停竞单的过程。

5.竞单结束,系统提示"竞单会结束"。

(四)组间交易

两组之间可以进行产成品的组间交易,交易价格至少大于10W。其操作如下:

1.单击"组间交易",进入"组间交易"窗口,如图6-16所示。

| 组间交易 | | ⊗ |
|---|---|---|
| 选择出货方 | 201 | ▼ |
| 选择进货方 | 201 | ▼ |
| 产品 | ⦿ P1 ◯ P2 ◯ P3 | |
| 交易数量 | 1 | |
| 交易金额 | 10 | W |
| 确认交易 | | |

图6-16 组间交易

2.选择出货方、进货方、交易的产品、交易的数量和交易总金额,单击"确认交易",交易完成。

(五)排行榜单

教师可查询教学班的排行榜,其操作如下:

1.单击"排行榜单",进入"排行榜单"窗口,如图6-17所示。

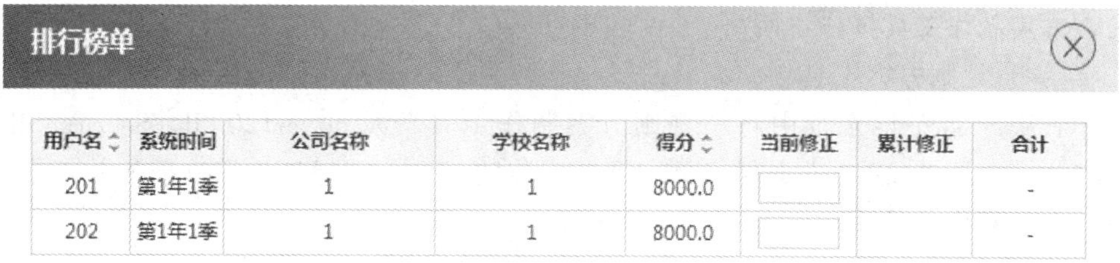

图6-17  排行榜单

2.系统显示各组所处的时间、得分等信息，教师可以对得分进行修正。

（六）查询公共信息。

1.单击"公共信息"，弹出"公共信息"窗口，如图6-18所示。

图6-18  公共信息

2.选择"年份"，单击"确认信息"，进入每组经营结果信息展示窗口，系统列示所有组当年经营利润和所有者权益，在表的下方还展示当年的市场"老大"。

3.单击"综合费用表""利润表""资产负债表"，可显示所有组当年的经营情况。

4.单击"导出Excel"，可以将各组对比信息以Excel形式下载并保存。

教师还可以进行订单详情、系统参数、经营规则说明和市场预测的查看等操作。

### 三、方案制作工具操作说明

（一）规则方案工具

1. 从产品安装光盘中将"规则方案制作工具"及 msvcr120.dll、SeenTao.dll、VMProtectSDK32.dll插件文件拷贝到准备安装的目录下，保证加密狗插入并正常运行，双击制作工具。

2. 打开登录页面，点击"规则工具"，跳转到操作页面，如图6-19所示。

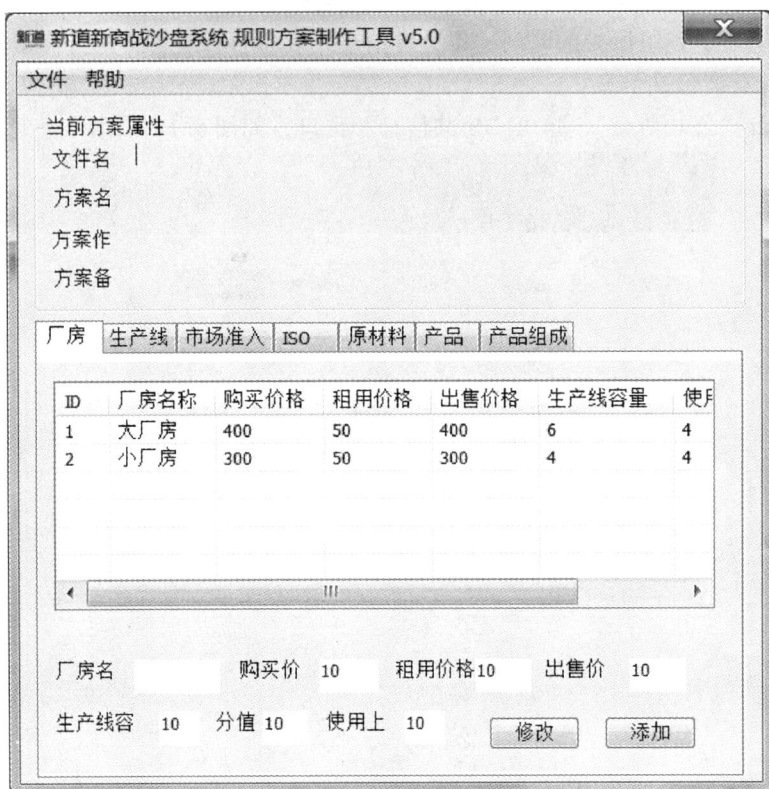

图6-19  "新商战"规则方案制作

3. 点击"文件-新建方案"，编辑方案文件名称、方案名称、方案作者、方案备注等信息，如图6-20所示。

4. 分别选择厂房、生产线、市场准入、ISO、原材料、产品、产品组成等页签进行规则编辑。例如，自定义厂房投资规则，如图6-21所示。

（1）选中一条厂房数据，该厂房信息显示在下方，可以修改各字段值，确认后点击"修改"，上方页签内即更新数据信息。

（2）若想添加厂房种类，则不用选中任何一条已有数据，而是编辑下方的各项信息，完成后点击"添加"，新数据建立，但厂房名称不可以重复。

（3）各页签完成修订后，点击对话框左上角"文件-保存"，弹出提示"保存成功"，且在安装目录下生成一个文件夹"规则方案"，即规则文件所在。其他页签的修改、添加方法与此类似。

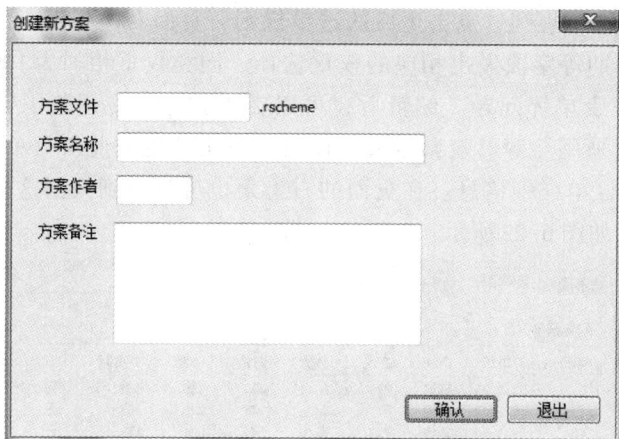

图6-20 创建新方案

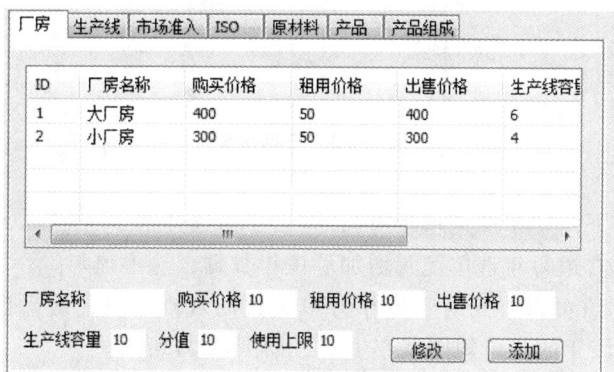

图6-21 规则编辑

（二）订单方案工具

1.从产品安装光盘中将"订单方案制作工具"及msvcr120.dll、SeenTao.dll、VMProtectSDK32.dll插件文件拷贝到准备安装的目录下，保证加密狗插入并正常运行，双击"制作工具"。

2.打开登录页面后，点击"规则工具"，跳转到操作页面。

3.点击左上角"文件-新建"，编辑方案文件名称、方案名称、方案作者、方案备注等信息。

4.添加订单，点击右下角"添加订单年份"，弹出"年份选择框"，确认后右边每年选单配置增加了该年数据，选中该年。

5.在左下角可以看到对于该年订单生成的规则字段，编辑信息，点击"添加/修改规则"，如图6-22所示，该年的选单规则就产生了。

图6-22 订单生成规则

6.依此建立选单规则，点击生成的选单规则，页面右边弹出对话框，可以对订单的数量、交货期等字段做出相应的权重选择，同类权重相加为100，这样就解决了订单不合理、废单等问题。编辑后，可以在下方选择应用范围，如"本市场采用"或"本规则采用"等。规则定义好以后，点击"生成此年订单"，自动跳转到第2个页签显示订单详细信息。在页面的右上角也可以看到根据这样的选单规则生成的市场预测，如图6-23所示。

| 序号 | 订单号 | 市场 | 产品 | 数量 | 总价 | 账期 | 交货期 | ISO |
|---|---|---|---|---|---|---|---|---|
| 1 | S211_01 | 本地 | P1 | 5 | 283 | 1季 | 4季 | 无 |
| 2 | S211_02 | 本地 | P1 | 2 | 125 | 2季 | 4季 | 无 |
| 3 | S211_03 | 本地 | P1 | 3 | 181 | 0季 | 1季 | 无 |
| 4 | S211_04 | 本地 | P1 | 2 | 136 | 2季 | 4季 | 无 |
| 5 | S211_05 | 本地 | P1 | 1 | 51 | 3季 | 1季 | 无 |
| 6 | S211_06 | 本地 | P1 | 2 | 120 | 2季 | 2季 | 无 |
| 7 | S211_07 | 本地 | P1 | 3 | 195 | 2季 | 4季 | 无 |
| 8 | S211_08 | 本地 | P1 | 4 | 254 | 4季 | 4季 | 无 |
| 9 | S211_09 | 本地 | P1 | 4 | 229 | 1季 | 3季 | 无 |
| 10 | S211_10 | 本地 | P1 | 5 | 318 | 3季 | 2季 | 无 |

图6-23　市场预测

7.添加竞单。

（1）点击右下角"添加竞单年份"，弹出年份选择框。

（2）确认后右边每年选单配置增加了该年数据，选中该年。

（3）在左下角可以看到对于该年订单生成的规则字段，编辑信息，点击"添加/修改规则"，该年的竞单规则就产生了，如图6-24所示。

| 市场 | 产品 | 订单数 | 修正值 | 最小数量 | 最大数量 |
|---|---|---|---|---|---|
| 本地市场 | P1 | 10 | 0 | 1 | 6 |

竞单生成规则
本地市场 ▾ P1 ▾ 订单数 10 修正值 0 ▾
最小数量 1 最大数量 6 添加/修改规则 生成此年竞单

图6-24　竞单规则设置

（4）依此建立竞单规则。当规则定义好后，点击"生成此年订单"，自动跳转到第4个页签显示订单详细信息，如图6-25所示。

| 序号 | 订单号 | 市场 | 产品 | 数里 | ISO |
|------|--------|------|------|------|-----|
| 1 | A211_01 | 本地 | P1 | 4 | 无 |
| 2 | A211_02 | 本地 | P1 | 1 | 无 |
| 3 | A211_03 | 本地 | P1 | 5 | 无 |
| 4 | A211_04 | 本地 | P1 | 4 | 无 |
| 5 | A211_05 | 本地 | P1 | 3 | 无 |
| 6 | A211_06 | 本地 | P1 | 4 | 无 |
| 7 | A211_07 | 本地 | P1 | 2 | 无 |
| 8 | A211_08 | 本地 | P1 | 4 | 无 |
| 9 | A211_09 | 本地 | P1 | 1 | 无 |
| 10 | A211_10 | 本地 | P1 | 4 | 无 |

（选单规则　选单信息　竞单规则　竞单信息／第2年竞单信息）

图6-25　订单详细信息

（5）在页面的右上角也可以看到根据这样的竞单规则生成的市场预测。当订单和竞单方案制作完成后，点击左上角"文件-保存"，也可以选择右下角"导入订单""导出竞单""导出预测表"等操作。

# 第三篇 实战篇

在ERP沙盘模拟经营中，企业管理者应做到以下几点：第一，事先做好规划；第二，事中做好记录；第三，事后做好分析。我们基于创业者沙盘模拟系统，以6年的实际运行过程为例，展示一个成功的企业是如何经营管理的。

## 实训1　企业制定战略规划

### 一、实训目的
制定企业的长期战略规划。

### 二、实训内容
（一）制定营销策略

（二）制定产品策略

（三）制定投资策略

（四）制定筹资策略

### 三、实训步骤
（一）确定目标市场和市场定位

（二）制定产品组合策略

（三）制定设备投资策略

（四）制定厂房购置策略

（五）制订资金需求计划

### 四、实训指导
对一个创业者来说，在对目前和将来的市场有了深入的了解之后，制定企业的长期战略规划是非常必要的。在ERP沙盘模拟经营中，总经理应召集各位总监开会，目的是制定企业的长期战略规划。

企业的长期战略规划是根据市场前景以及其他竞争对手的计划而制定的，具体考虑以下内容：确定目标市场和市场定位、ISO认证开发规划、产品研发投资规划和设备投资规划。上述规划不是盲目提出的，而是以市场预测为基础的，各位总监提出自己的设想并对其可行性进行论证，在权衡各方面利弊之后，最终提出企业的长期战略规划。企业的长期战略规划不是一成不变的，而是随着企业的经营有所调整。初学者可以按以下思路制定企业的长期战略规划：

（一）目标市场和市场定位

目标市场和市场定位即企业以什么市场作为自己的目标市场以及在目标市场上的定位如何。产品要在市场上销售后才能实现其价值。在ERP沙盘模拟经营中，企业要取得订单才能将库存产品销售出去，因此企业要确定目标市场和市场定位。

确定目标市场以及开拓目标市场可以从以下几方面进行：

1.市场预测表分析

市场预测表可以反映每个市场、每种产品未来几年的预计销售总量、平均单价和毛利。它提供的详细数据可以使企业更清楚地认识市场和分析市场。使用市场预测表时应注意以下问题：

（1）第1年的市场预测数据没有意义，有用的数据是从第2年开始的，因此只分析第2年至第6年的市场需求量和平均价格即可。

（2）由于国内市场开拓需要2年，因此前2年国内市场的需求量和平均价格的数据没有意义；同理，亚洲市场第2年和第3年的需求量和平均价格以及国际市场第2年到第4年的需求量和平均价格的数据也没有意义。

2.产品需求量分析和产品毛利分析

（1）根据市场预测表可以整理出产品总量分析表，目的是选择目标市场和进行市场定位。

（2）根据市场预测表还可以整理出产品毛利分析表，目的是进一步明确目标市场以及进行产品组合规划。每年哪种产品毛利最高、哪个市场毛利最高可以作为选择目标市场的依据。

（二）产品组合策略

产品战略是企业对其所生产与经营的产品进行的全局性谋划。它与市场战略密切相关，也是企业经营战略的重要部分。企业要依靠物美价廉、适销对路、具有竞争力的产品赢得顾客，开拓并占领市场，获得经济效益。产品战略是否正确，直接关系到企业的兴衰和存亡。新产品研发有以下几个步骤：

1.确定需求。根据市场预测了解外部需求，包括顾客的需求和竞争对手的需求。

2.制定产品组合策略。企业可以生产一种产品也可以生产多种产品。生产一种产品和多种产品有各自的特点。生产一种产品在采购方面比较简单，在生产线的铺设上也不需要考虑柔性生产线，直接购买自动生产线即可，可以降低生产线成本。在销售方面，如果销售一种产品，广告投放比较集中，但如果市场竞争激烈，风险就比较大。因为产能大就需要大订单，那么就需要投入较多的广告费取得订单。而生产多种产品在采购方面比较复杂，如果有柔性生产线，多种产品搭配就有灵活多变的特点，在订货会上就有回旋的余地。产品上线生产的最佳时机就是产品研发和生产线铺设同时完成，当然还需要提前订购原材料。

企业一般会选择毛利高且需求量大的产品进行生产，这时需要注意产品组合，避免激烈的市场竞争。

（三）设备投资策略

企业制定产品研发规划后，开始考虑如何购置生产线，什么时候开始新建或者转产生产线。一般来说，设备投资策略主要依据企业的定位来制定，即企业是选择生产稳健型发展还是生产激进型发展。如果选择生产稳健型发展，在企业发展初期要购买少量的自动生产线，以销定产，视发展定规模；如果选择的是生产激进型发展，企业建设初期就要使用大量的自动生产线或柔性生产线，加大广告投放，以产带销，迅速发展。

在ERP沙盘模拟经营中，我们更多考虑成本问题。从成本的角度来看，到底买哪种生产线更合适呢？为了满足订单的需求，我们更多地从生产线的产能来考虑。以生产线的产能为标准来决定买哪种生产线，管理者需清楚每种生产线每年生产的产品数量。在附录2的经营规则中，超级手工生产线的生产周期是2季，产品第1季度上线，第3季度才能下线，因此用超级手工生产线1年只能生产2个产品。自动生产线的生产周期是1季，产品第1季度上线，第2季度就能下线入库，因此自动生产线除了投产的第1年只能生产3个产品外，其他年度只要不停产，1年可生产4个产品。柔性生产线、租赁生产线的产能与自动生产线的产能相同。

假设在其他条件相同的情况下，1年要生产2个产品。如果使用超级手工生产线，需要购置2条才能完成生产任务，购置成本为70W（2条×35W/条）；如果使用自动生产线，只要购置1条就能完成生产任务，购置成本为150W/条；如果使用柔性生产线，也只要购置1条就能完成生产任务，购置成本为200W/条；如果使用租赁生产线，购置成本为0。接下来，我们对4种生产线每年的费用进行比较，见表7-1。

表7-1 　　　　　　　　　4种生产线每年的费用比较　　　　　　　　　金额单位：W

| 生产线种类及数量 | 购置成本 | 每年计提折旧 | 每年维修费 | 每年费用合计 | 生产周期 |
|---|---|---|---|---|---|
| 2条超级手工生产线 | 70 | 20 | 10 | 30 | 2季 |
| 1条租赁生产线 | 0 | 0 | 65 | 65 | 1季 |
| 1条自动生产线 | 150 | 30 | 20 | 50 | 1季 |
| 1条柔性生产线 | 200 | 40 | 20 | 60 | 1季 |

根据表7-1，租赁生产线、自动生产线和柔性生产线的产能相同，但是每年产生的费用不同，自动生产线的每年费用合计最少。如果进一步比较自动生产线和超级手工生产线，可以发现，2条超级手工生产线的产能与1条自动生产线的产能相同，但是2条超级手工生产线的每年费用合计为30W，比1条自动生产线少了20W。如果再进一步考虑安装周期，2条超级手工生产线比1条自动生产线多生产3个产品，按单位毛利30W算，2条超级手工生产线的收益比1条自动生产线的收益多110W（3×30W+20W）。从成本利润的角度来看，在该规则下，使用超级手工生产线更划算。但是我们要考虑2条超级手工生产线比1条自动生产线多占一个生产线位，如果市场足够大，多出来的自动生产线足够赚110W利润。因此，如果16条生产线能铺满，购置自动生产线更好，但是如果市场不够大，最多容纳8条生产线，则可以考虑改建超级手工生产线；当然也可以考虑两种生产线的组合。

柔性生产线的优势在于可以自由转产，没有转产周期和转产费用。如果企业需要转产，其优势才能显现。租赁生产线的优势在于它集合了超级手工生产线和自动生产线的优势，无安装周期，建设时不需要资金投入，不需提取折旧。但是租赁生产线不计小分，若不及时处置更换，而是使用到比赛结束，对总分影响较大，不利于排名。所以，选择生产线时应结合规则和市场情况综合考虑。

（四）厂房购置策略

厂房购置策略就是根据生产线的铺设计划，确定先购置哪种厂房，再考虑如何购置厂房：是买还是租。

1.关于购置厂房的类型

如何选择厂房的类型呢？我们可以比较每条生产线分摊的购买厂房费用。如果购入厂房，铺满所有的生产线，小厂房显得更加划算，平均为90W/条。但是企业发展到一定程度，小厂房将限制企业的发展，根据厂房数上限为4的规则，小厂房最多铺设8条生产线。如果是大厂房，则可以容纳16条生产线。由此可见，产能的差异对企业的后期建设有重大影响。一般来说，只要有市场，就应尽量选择容量大的厂房，多建生产线，保证生产线不空置。

2.购买还是租用厂房

关于厂房是买还是租，我们可以从成本的角度来比较哪种方案节约资金，增加利润，增加所有者权益，为下一年增加贷款额度奠定基础。

假设由于自有资金的限制，企业准备向银行申请长期贷款。在这种情况下，购买厂房的成本是为了购置厂房向银行申请的长期贷款利息，租厂房的成本是租金。我们比较3种厂房购买和租用每年产生的费用（见表7-2）。

表7-2　　　　　　　　**厂房购买和租用每年产生的费用比较**　　　　　　金额单位：W

| 厂房 | 购买 | 长期贷款年利率 | 利息 | 年租金 | 差额 |
|------|------|------|------|------|------|
| 大厂房 | 400 | 10% | 40 | 40 | 0 |
| 中厂房 | 300 | 10% | 30 | 30 | 0 |
| 小厂房 | 180 | 10% | 18 | 18 | 0 |

依据表7-2，若大厂房、中厂房和小厂房的价格分别为400W、300W和180W，长期贷款利率为10%，租金与售价之比也是10%，那么，购买厂房承担的利息与租用同类型厂房的租金相同。但是，值得注意的是，利息和租金支付的时间不同。长期贷款利息是第2年年初支付，租金则是租用当季支付，这将间接影响当年的所有者权益，当年的所有者权益又决定了下一年的贷款额度。一般来说，在第1年年初，企业有自有资金，还有充足的贷款额度，因此选择购买厂房可以起到"蓄水池"的作用。

（五）资金需求计划

资金的筹集主要有长期贷款和短期贷款，企业制订资金需求计划时应该灵活选择，不仅要考虑财务费用的高低，还要评估企业的财务风险。如果企业只选择长期贷款，财务费用势必过高，最终将减少企业利润；如果企业只选择短期贷款，财务风险过高，企业往往因为到期还不起贷款而导致现金断流，使企业破产。

一般来说，长期贷款用于长期投资，比如新建厂房和购买生产线、产品研发；短期贷款则多用于解决企业短期资金周转，如原材料采购、支付工人工资等。但是，这种稳健的策略不适合高水平的竞赛。

## 五、实训要求

（一）根据市场预测表编制产品总量分析表（见表7-3）

表7-3          **产品总量分析表**       单位：个

| 年份 | 第2年 | 第3年 | 第4年 | 第5年 | 第6年 | 合计 |
|---|---|---|---|---|---|---|
| P1总量 | | | | | | |
| P1每组平均可卖量 | | | | | | |
| 最高量市场 | | | | | | |
| P2总量 | | | | | | |
| P2每组平均可卖量 | | | | | | |
| 最高量市场 | | | | | | |
| P3总量 | | | | | | |
| P3每组平均可卖量 | | | | | | |
| 最高量市场 | | | | | | |
| P4总量 | | | | | | |
| P4每组平均可卖量 | | | | | | |
| 最高量市场 | | | | | | |

（二）根据市场预测表编制产品毛利分析表（见表7-4）

表7-4          **产品毛利分析表**

| 年份 | 第2年 | 第3年 | 第4年 | 第5年 | 第6年 | 5年的平均毛利 |
|---|---|---|---|---|---|---|
| P1平均毛利（W） | | | | | | |
| P1最高毛利（W） | | | | | | |
| 毛利最高市场 | | | | | | |
| P2平均毛利（W） | | | | | | |
| P2最高毛利（W） | | | | | | |
| 毛利最高市场 | | | | | | |
| P3平均毛利（W） | | | | | | |
| P3最高毛利（W） | | | | | | |
| 毛利最高市场 | | | | | | |
| P4平均毛利（W） | | | | | | |
| P4最高毛利（W） | | | | | | |
| 毛利最高市场 | | | | | | |

（三）根据企业经营规则编制生产线每年的费用比较表（见表7-5）

表7-5　　　　　　　　　　生产线每年的费用比较表　　　　　　　　　　单位：W

| 生产线的类型 | 购置成本 | 每年计提折旧 | 每年维修费 | 每年的费用合计 |
|---|---|---|---|---|
|  |  |  |  |  |
|  |  |  |  |  |
|  |  |  |  |  |
|  |  |  |  |  |

（四）根据经营规则编制厂房投资方案比较表（见表7-6）

表7-6　　　　　　　　　　厂房投资方案比较表　　　　　　　　　　单位：W

| 方案 | 第1年 | 第2年 | 第3年 | 第4年 | 第5年 | 第6年 | 合计 |
|---|---|---|---|---|---|---|---|
| 方案一 |  |  |  |  |  |  |  |
| 方案二 |  |  |  |  |  |  |  |
| 方案三 |  |  |  |  |  |  |  |
| 方案四 |  |  |  |  |  |  |  |

（五）编制无形资产投资计划表（见表7-7）

表7-7　　　　　　　　　　无形资产投资计划表

| 项目 | | 第1年 | | | | 第2年 | | | | 第3年 | | | | 第4年 | | | | 第5年 | | | | 第6年 | | | |
|---|---|---|---|---|---|---|---|---|---|---|---|---|---|---|---|---|---|---|---|---|---|---|---|---|---|
| | | 1 | 2 | 3 | 4 | 1 | 2 | 3 | 4 | 1 | 2 | 3 | 4 | 1 | 2 | 3 | 4 | 1 | 2 | 3 | 4 | 1 | 2 | 3 | 4 |
| 产品开发 | P1 | | | | | | | | | | | | | | | | | | | | | | | | |
| | P2 | | | | | | | | | | | | | | | | | | | | | | | | |
| | P3 | | | | | | | | | | | | | | | | | | | | | | | | |
| | P4 | | | | | | | | | | | | | | | | | | | | | | | | |
| 市场开发 | 本地 | | | | | | | | | | | | | | | | | | | | | | | | |
| | 区域 | | | | | | | | | | | | | | | | | | | | | | | | |
| | 国内 | | | | | | | | | | | | | | | | | | | | | | | | |
| | 亚洲 | | | | | | | | | | | | | | | | | | | | | | | | |
| | 国际 | | | | | | | | | | | | | | | | | | | | | | | | |
| ISO认证 | 9000 | | | | | | | | | | | | | | | | | | | | | | | | |
| | 14000 | | | | | | | | | | | | | | | | | | | | | | | | |
| 合计 | | | | | | | | | | | | | | | | | | | | | | | | | |

（六）编制固定资产投资计划表（见表7-8）

表7-8　　　　　　　　　　　　　固定资产投资计划表

| 项目 | | 第1年 | | | | 第2年 | | | | 第3年 | | | | 第4年 | | | | 第5年 | | | | 第6年 | | | |
|---|---|---|---|---|---|---|---|---|---|---|---|---|---|---|---|---|---|---|---|---|---|---|---|---|---|
| | | 1 | 2 | 3 | 4 | 1 | 2 | 3 | 4 | 1 | 2 | 3 | 4 | 1 | 2 | 3 | 4 | 1 | 2 | 3 | 4 | 1 | 2 | 3 | 4 |
| 大厂房 | 1 | | | | | | | | | | | | | | | | | | | | | | | | |
| | 2 | | | | | | | | | | | | | | | | | | | | | | | | |
| | 3 | | | | | | | | | | | | | | | | | | | | | | | | |
| | 4 | | | | | | | | | | | | | | | | | | | | | | | | |
| | 5 | | | | | | | | | | | | | | | | | | | | | | | | |
| | 6 | | | | | | | | | | | | | | | | | | | | | | | | |
| 小厂房 | 7 | | | | | | | | | | | | | | | | | | | | | | | | |
| | 8 | | | | | | | | | | | | | | | | | | | | | | | | |
| | 9 | | | | | | | | | | | | | | | | | | | | | | | | |
| | 10 | | | | | | | | | | | | | | | | | | | | | | | | |
| 合计 | | | | | | | | | | | | | | | | | | | | | | | | | |

（七）编制企业战略规划表（见表7-9）

表7-9　　　　　　　　　　　　　企业战略规划表

| 市场开拓规划 |
|---|
| |
| 无形资产开发规划 |
| |
| 固定资产开发规划 |
| |
| 其他 |
| |

# 实训 2　第 1 年经营

## 一、实训目的
企业完成第 1 年的基础建设。

## 二、实训内容
（一）制订新年度计划

（二）开始第 1 年经营

（三）登记经营记录表及编制报表

（四）总结第 1 年的经营

## 三、实训步骤
（一）制订新年度计划

（二）编制现金预算表

（三）企业开始第 1 年的基础建设并填写经营记录表

（四）编制各项报表

（五）总结第 1 年的经营，准备开始第 2 年的经营

## 四、实验指导
由于第 1 年所有企业都没有任何资格，因此基础建设年没有订货会。我们一般按照事前规划、事中控制并记录和事后分析的思路开展企业模拟经营。

（一）第 1 年的新年度计划

每年年初的新年度计划比长期规划更加具体，主要确定以下内容：

1.企业的销售策略是什么？目标市场是什么？什么时候开拓目标市场？

2.ISO 认证开发计划主要开发何种认证？什么时候开发？

3.产品研发投资计划主要研发什么产品？什么时候研发？

4.本年是否进行设备投资？投资或者更新什么生产线？投资或者更新哪几条生产线？什么时候开始更新？

可见，第 1 年的新年度计划主要研究固定资产投资和无形资产投资。

需要注意的是，一般情况下，应根据生产线的安装周期决定产品上线的时机。例如，企业打算第 2 年第 1 季度开始生产 P2，有两个方案：

方案一：企业第 1 年第 2 季度开始铺设自动生产线，该生产线当年不用交维修费，第 2 年也不用计提折旧，这样第 1 年可节省 20W 的维修费，第 2 年可节省 30W 的折旧费。

方案二：第 1 年第 1 季度铺设自动生产线，第 1 年第 3 季度建好，这样第 1 年要缴纳 20W 的维修费，第 2 年需要计提 30W 的折旧费。

这两个方案相比较，第一个方案比第二个方案节约了 50W，所有者权益增加了 50W。

（二）编制现金预算表

"凡事预则立，不预则废。"预算是企业在预测、决策的基础上，以数量和金额的形式反映企业未来一定时期经营、投资、财务等活动的具体计划，是为实现企业目标而对各种资源和企业活动的详细安排。预算通过引导和控制经济活动，使企业经营达到预期目标；预算可以实现企业内部各部门之间的协调，也可作为业绩考核的标准。预算根据内容的不同，可以分为业务预算、专项决策预算和财务预算。

1.业务预算是指与企业日常经营活动直接相关的经营业务的各种预算。它主要包括销售预算、生产预算、材料采购预算等。

2.专项决策预算是指企业不经常发生的、一次性的重要决策预算。

3.财务预算从价值方面总括地反映企业业务预算与专项决策预算的结果，也就是说，业务预算和专项决策预算的资料都可以用货币金额反映在财务预算中。

在ERP沙盘模拟经营中，我们使用现金预算表来完成财务预算工作。现金预算表的项目包括现金收入和现金支出，具体项目见表7-10。各部门提交专项决策预算和业务预算，财务总监编制现金预算。第1年企业没有任何资格，企业的经营活动主要集中在基础建设方面，但是为了第2年的生产能正常进行，需要提前进行原材料采购。

表7-10 **现金收入和现金支出项目**

| 现金收入 | 现金支出 |
|---|---|
| 1.长期贷款或短期贷款 | 1.投放广告 |
| 2.应收账款到期 | 2.支付应付税 |
| 3.厂房贴现 | 3.支付长期贷款利息和偿还长期贷款 |
| 4.出售生产线 | 4.支付短期贷款及利息 |
| 5.出售原材料和产成品 | 5.原材料入库 |
| 6.应收账款贴现 | 6.购买或租用厂房 |
|  | 7.新建、在建、转产生产线 |
|  | 8.开始下一批生产 |
|  | 9.产品研发投资 |
|  | 10.新市场开拓或ISO认证投资 |
|  | 11.支付管理费 |
|  | 12.支付违约金 |
|  | 13.支付设备维修费 |

基于第1年的新年度计划，各部门要编制第1年各自的工作计划，每个部门的工作计划都要列示各部门第1年所需资金量；财务总监根据各部门提交的工作计划，安排资金使用，编制第1年现金预算表，如果资金不足，需筹措资金。各部门

的工作计划如下：

（1）营销总监编制第 1 年市场开拓计划；

（2）营销总监编制第 1 年 ISO 认证投资计划；

（3）生产总监编制第 1 年产品研发计划；

（4）生产总监编制第 1 年生产线投资计划；

（5）采购总监编制第 1 年采购计划；

（6）根据上述各项预算，财务总监填写现金预算表并计算现金余缺（现金余缺=期初现金余额+现金收入−现金支出），然后根据现金余缺来确定预算现金的投放或筹措。

（三）开始企业第 1 年的经营

根据各项预算，企业可以开始第 1 年的正式经营，经营内容需要登记在第 1 年经营记录表和其他记录表上。

（四）编制财务报表

企业经营结束后，财务总监编制第 1 年的综合管理费用明细表、利润表和资产负债表。

## 五、实验要求

（一）编制新年度计划表（见表7-11）

表 7-11　　　　　　　　　　　　　新年度计划表

| 市场开拓计划 |
| --- |
| |
| 产品研发计划 |
| |
| 厂房和生产线计划 |
| |
| 生产计划和采购计划 |
| |

（二）编制现金预算表（见表7-12）

表7-12 现金预算表

| 项目 | 第1季度 | 第2季度 | 第3季度 | 第4季度 |
|---|---|---|---|---|
| 期初库存现金 | | | | |
| 贴现收入 | | | | |
| 支付上年应交税 | | | | |
| 市场广告投入 | | | | |
| 支付长期贷款利息／偿还长期贷款 | | | | |
| 利息（短期贷款） | | | | |
| 支付到期短期贷款 | | | | |
| 原料采购支付现金 | | | | |
| 厂房租买开支 | | | | |
| 生产线投资 | | | | |
| 转产费用 | | | | |
| 生产线变卖 | | | | |
| 工人工资（下一批生产） | | | | |
| 收到应收账款 | | | | |
| 产品研发投资 | | | | |
| 支付管理费用 | | | | |
| 厂房续租 | | | | |
| 市场开拓投资 | | | | |
| ISO认证投资 | | | | |
| 设备维修费用 | | | | |
| 违约罚款 | | | | |
| 其他 | | | | |
| 季末现金收入 | | | | |
| 季末现金支出 | | | | |
| 申请长期贷款 | | | | |
| 申请短期贷款 | | | | |
| 期末余额 | | | | |

要点记录：

第1季度：_____

第2季度：_____

第3季度：_____

第4季度：_____

注意事项：_____

## （三）登记经营记录表（见表7-13）

表7-13　　　　　　　　　　　　　　　**经营记录表**

| 顺序 | 运营流程 | 第1季度 | 第2季度 | 第3季度 | 第4季度 |
|---|---|---|---|---|---|
| 年初 | 新年度规划会议 | | | | |
| | 投放广告 | | | | |
| | 参加订货会选订单/登记订单 | | | | |
| | 支付应付税 | | | | |
| | 支付长期贷款利息 | | | | |
| | 更新长期贷款/长期贷款还款 | | | | |
| | 申请长期贷款 | | | | |
| 1 | 季初现金盘点 | | | | |
| 2 | 更新短期贷款/短期贷款还本付息 | | | | |
| 3 | 申请短期贷款 | | | | |
| 4 | 原材料入库/更新原料订单 | | | | |
| 5 | 下原料订单 | | | | |
| 6 | 购买/租用厂房 | | | | |
| 7 | 更新生产/完工入库 | | | | |
| 8 | 新建/在建/转产/变卖生产线 | | | | |
| 9 | 紧急采购（随时进行） | | | | |
| 10 | 开始下一批生产 | | | | |
| 11 | 更新应收账款/应收账款收现 | | | | |
| 12 | 按订单交货 | | | | |
| 13 | 产品研发投资 | | | | |
| 14 | 厂房出售/退租/租转买 | | | | |
| 15 | 新市场开拓 | | | | |
| 16 | ISO资格投资 | | | | |
| 17 | 支付管理费 | | | | |
| 18 | 出售库存 | | | | |
| 19 | 厂房贴现 | | | | |
| 20 | 应收账款贴现 | | | | |
| 21 | 当季现金收入合计 | | | | |
| 22 | 当季现金支出合计 | | | | |
| 23 | 季末现金对账（请填余额）〔（1）+（21）-（22）〕 | | | | |
| 年末 | 缴纳违约订单罚款 | | | | |
| | 支付维修费 | | | | |
| | 计提折旧 | | | | |
| | 新市场开拓/ISO资格认证 | | | | |
| | 结账 | | | | |

（四）填写财务报表（见表7-14、表7-15和表7-16）

表7-14 综合管理费用明细表

| 项 目 | 金 额 | 备 注 |
|---|---|---|
| 管 理 费 | | |
| 广 告 费 | | |
| 维 修 费 | | |
| 租 金 | | |
| 转 产 费 | | |
| 市场准入开拓 | | □本地 □区域 □国内 □亚洲 □国际 |
| ISO资格认证 | | □ISO9000 □ISO14000 |
| 产品研发 | | P1（ ） P2（ ） P3（ ） P4（ ） |
| 其 他 | | |
| 合 计 | | |

表7-15 利润表

| 项 目 | 上年金额 | 本年金额 |
|---|---|---|
| 销售收入 | | |
| 直接成本 | | |
| 毛利 | | |
| 综合费用 | | |
| 折旧前利润 | | |
| 折旧 | | |
| 支付利息前利润 | | |
| 财务费用 | | |
| 税前利润 | | |
| 所得税费用 | | |
| 净利润 | | |

表7-16                                        **资产负债表**

| 资产 | 期初余额 | 期末余额 | 负债和所有者权益 | 期初余额 | 期末余额 |
|---|---|---|---|---|---|
| 流动资产: | | | 负债: | | |
| 库存现金 | | | 长期负债 | | |
| 应收账款 | | | 短期负债 | | |
| 在产品 | | | 应付账款 | | |
| 产成品 | | | 应交税费 | | |
| 原料 | | | 1年内到期的长期负债 | | |
| 　流动资产合计 | | | 　负债合计 | | |
| 固定资产: | | | 所有者权益: | | |
| 土地和建筑 | | | 股东资本 | | |
| 机器与设备 | | | 利润留存 | | |
| 在建工程 | | | 年度净利 | | |
| 　固定资产合计 | | | 　所有者权益合计 | | |
| 　资产总计 | | | 负债和所有者权益总计 | | |

（五）填写期末总结表（见表7-17）

表7-17                                        **期末总结表**

| 经营要点 |
|---|
| |
| 经营出现的问题或者潜在风险 |
| |
| 下一年应注意什么问题 |
| |

# 实训 3   第 2 年经营

## 一、实训目的

企业完成第 2 年的经营。

## 二、实训内容

（一）制订新年度计划

（二）开始第 2 年经营

（三）登记经营记录表及编制报表

（四）总结第 2 年的经营

## 三、实训步骤

（一）制订新年度计划

（二）参加订货会并选取订单

（三）编制现金预算表

（四）企业开始第 2 年的经营并填写经营记录表

（五）编制各项报表

（六）总结第 2 年的经营，准备开始第 3 年的经营

## 四、实验指导

企业完成第 1 年的经营，开始第 2 年的经营。第 2 年的经营与第 1 年的经营最大不同之处在于：从第 2 年开始，年初有订货会，企业要投放广告才能到订货会上拿订单，拿了订单才能将产成品出售，获得收益。企业取得订单后开始生产，并按时交货，取得现金或应收账款。企业第 2 年的经营管理思路如下：

（一）生产总监计算当年可接订单数量，便于营销总监选取订单

企业要取得订单，就必须参加订货会。营销总监如何选择订单以及选择什么样的订单受到产能的影响。如果产能跟不上，企业就可能违约，因此，生产总监应确定本年的完工数量。某年某产品可接订单数量的计算公式为：

某年某产品可接订单数量=年初该产品的库存量+本年该产品的完工数量

其中，年初该产品的库存量可以从盘面的仓库中找到，也可从库存记录表中查到。本年该产品的完工数量应精确到每个季度能够生产多少该产品，这可以由生产总监从编制的产品生产计划表中获得。该数量不是绝对数，可以有一个上下浮动量，包括可以通过购买超级手工生产线解决某个季度出库的数量，当然仓库中要有足够的原材料。

除了超级手工生产线和柔性生产线之外，除非竞争过于激烈，其他生产线最好不要转产，因为转产不仅要停工还要支付转产费用。变卖生产线如果没有提足折旧，就会造成损失，减少企业的利润。如果是最后一年，企业的产能出现剩余，变卖生产线可以得到残值，当年不需计提折旧，也不用交维修费，可以增加企业的所有者权益。

（二）营销总监投放广告，参加订货会和登记销售订单

在参加订货会之前，企业在投放广告时要注意以下问题：

1.该市场是否存在市场"老大"

（1）市场上存在市场"老大"，如何进行广告投放？

根据"新商战"规则，如果某企业在上一年某市场的销售量最高，且无违约情况，则该企业为市场"老大"。市场"老大"在选单时有优先权，只要它投入10W的广告费，就可参与该市场该产品的选单，而且是第一个选单。如果它想参与第二轮选单，则至少要投入30W的广告费。

走中高端路线、进行大生产的企业，可以集中力量在某个目标市场销售，力争成为该市场的"老大"，并加大在新市场的广告投放，把一部分销售力量放到新市场去，将新市场"老大"的地位也争取过来。这样，在扩张生产时，企业就可以利用市场"老大"的地位获得在该市场的优先选单权利，大幅度减少在该市场的广告投放。

走低端路线、进行大生产的企业，只要市场开拓力度大些，在每个市场上都投放一些广告，多点开销，不用太在意对市场"老大"地位的争夺。因为低端产品的销售额很难超过高端产品，所以在转型前广告费的压力是比较小的。

企业若走精细化高端路线，会有很强的灵活性，在生产和挑选订单上有一定的优势，但要付出高昂的代价，如柔性生产线有较高的建设费用及折旧费。有时这种灵活性也会使广告投放陷入困境，投少了怕拿不到订单，投多了则浪费。因此，企业在没扩张之前，在产能还没上去之前，尽量生产利润高的产品；等到了后期，生产线已铺满，市场需求趋紧，那时再转移部分产能到低端产品上是合适的。

（2）没有市场"老大"的情况下，如何争取成为市场领导者？

如果该市场没有市场"老大"，企业要加大在该市场的广告投放，目的是集中销售力量，将市场"老大"的地位争取过来。这样，在扩张生产时，企业就可以利用市场"老大"的地位获得在该市场的优先选单权利，大幅度减少在该市场的广告投放。

2.广告投放如何做到既经济又有效

首先，要分析自己的产能。对于自己每年能生产多少产品、固定产量是多少、浮动产量的区间是多少，生产总监要认真计算并提供给营销总监。

其次，广告费是投入奇数还是偶数也很重要，因为新商战实践平台规定，企业要获得N次选单机会，需要投入的广告费为（10+20N）W，因此投放奇数广告费的企业比投放偶数广告费的企业多。在其他条件相同的情况下，投放偶数广告费虽然比投放奇数广告费多花了10W，但是可以保证企业拿到订单或者拿到效益好一些的订单。

3.如何知道其他竞争对手的情况

这需要通过商业情报收集（间谍）来分析竞争对手的情况。

4.最终广告费总额会受到资金预算结构的影响

对于长期贷款比较多的企业，每年年初需要支付利息，加之上一年支付过管理费、维修费，在资金上不会给广告费留出太多的预算。另外，当出现应收账款收回不及时、刚开始铺设生产线、有产品库存等情况时，是压缩广告费还是贴现应收账款，或者继续实行轰炸式广告投放策略，需要对市场和竞争对手进行分析后再决定。

对于短期贷款较多或者长短期贷款相结合的企业，年初的现金压力不是很大，因为压力分散到各个季度中去了。由于每个需要偿还短期贷款的季度对现金都有要求，因此对订货会上的订单选择要求就高了，对应收账款的管理要求也高了。营销总监和财务总监要多交流，在能还清当年第1季度短期贷款的情况下，尽量多给广告费安排预算。

（三）财务总监根据订单和各部门工作计划编制第2年预算

1.专项决策预算。企业考虑是否继续进行新市场开拓、ISO认证和生产线投资等。

2.业务预算。生产总监根据订单编制生产计划，采购总监根据生产计划编制采购计划。

（1）生产总监应编制生产计划，确定每种产品的投产时间和出库时间。

（2）采购总监根据生产计划编制采购计划，即采购什么、采购多少、何时采购。采购何种原材料是依据企业生产的产品种类来决定的；采购多少与库存和采购批量有直接关系；确定何时采购则需要对原材料尽量实行零库存，充分考虑采购的提前期和采购政策的变化。如果企业要转产，应根据新情况制订采购计划，保证生产正常进行。采购总监应制订采购计划，计算每期的采购品种和数量。

在有需要而没有预订的情况下，企业可以紧急采购。不论是紧急采购原材料还是紧急采购产成品，都要依据企业的产能和订单而定。如果企业的产能允许，紧急采购原材料比直接采购产成品的损失要小。

3.编制现金预算表。根据上述各项预算，财务总监编制第2年现金预算表。

（四）开始企业第2年的经营

企业根据新年度计划开始第2年的经营，并登记第2年经营记录表及其他记录表。

（五）编制财务报表

企业经营结束后，财务总监编制第2年财务报表，包括第2年的综合管理费用明细表、利润表和资产负债表。

**五、实验要求**

（一）编制新年度计划表（见表7-18）

表7-18　　　　　　　　　　　　　　　新年度计划表

| 市场开拓计划 |
| --- |
| |
| 产品研发计划 |
| |
| 厂房和生产线计划 |
| |
| 生产计划和采购计划 |
| |

（二）填写订单登记表（见表7-19）

表7-19　　　　　　　　　　　　　订单登记表

| 订单号 | | | | | | | | | | | 合计 |
| --- | --- | --- | --- | --- | --- | --- | --- | --- | --- | --- | --- |
| 市场 | | | | | | | | | | | |
| 产品 | | | | | | | | | | | |
| 数量 | | | | | | | | | | | |
| 交货期 | | | | | | | | | | | |
| 账期 | | | | | | | | | | | |
| 销售额 | | | | | | | | | | | |
| 成本 | | | | | | | | | | | |
| 毛利 | | | | | | | | | | | |
| 未售 | | | | | | | | | | | |

（三）编制现金预算表（见表7-20）

表7-20　　　　　　　　　　　　　**现金预算表**

| 项目 | 第1季度 | 第2季度 | 第3季度 | 第4季度 |
|---|---|---|---|---|
| 期初库存现金 | | | | |
| 贴现收入 | | | | |
| 支付上年应交税 | | | | |
| 市场广告投入 | | | | |
| 支付长期贷款利息／偿还长期贷款 | | | | |
| 利息（短期贷款） | | | | |
| 支付到期短期贷款 | | | | |
| 原料采购支付现金 | | | | |
| 厂房租买开支 | | | | |
| 生产线投资 | | | | |
| 转产费用 | | | | |
| 生产线变卖 | | | | |
| 工人工资（下一批生产） | | | | |
| 收到应收账款 | | | | |
| 产品研发投资 | | | | |
| 支付管理费用 | | | | |
| 厂房续租 | | | | |
| 市场开拓投资 | | | | |
| ISO认证投资 | | | | |
| 设备维修费用 | | | | |
| 违约罚款 | | | | |
| 其他 | | | | |
| 季末现金收入 | | | | |
| 季末现金支出 | | | | |
| 申请长期贷款 | | | | |
| 申请短期贷款 | | | | |
| 期末余额 | | | | |

要点记录：

第1季度：_____

第2季度：_____

第3季度：_____

第4季度：_____

注意事项：_____

（四）登记经营记录表（见表7-21）

表7-21　　　　　　　　　　　　　　经营记录表

| 顺序 | 运营流程 | 第1季度 | 第2季度 | 第3季度 | 第4季度 |
|---|---|---|---|---|---|
| 年初 | 新年度规划会议 | | | | |
| | 投放广告 | | | | |
| | 参加订货会选订单/登记订单 | | | | |
| | 支付应付税 | | | | |
| | 支付长期贷款利息 | | | | |
| | 更新长期贷款/长期贷款还款 | | | | |
| | 申请长期贷款 | | | | |
| 1 | 季初现金盘点 | | | | |
| 2 | 更新短期贷款/短期贷款还本付息 | | | | |
| 3 | 申请短期贷款 | | | | |
| 4 | 原材料入库/更新原料订单 | | | | |
| 5 | 下原料订单 | | | | |
| 6 | 购买/租用厂房 | | | | |
| 7 | 更新生产/完工入库 | | | | |
| 8 | 新建/在建/转产/变卖生产线 | | | | |
| 9 | 紧急采购（随时进行） | | | | |
| 10 | 开始下一批生产 | | | | |
| 11 | 更新应收账款/应收账款收现 | | | | |
| 12 | 按订单交货 | | | | |
| 13 | 产品研发投资 | | | | |
| 14 | 厂房出售/退租/租转买 | | | | |
| 15 | 新市场开拓 | | | | |
| 16 | ISO资格投资 | | | | |
| 17 | 支付管理费 | | | | |
| 18 | 出售库存 | | | | |
| 19 | 厂房贴现 | | | | |
| 20 | 应收账款贴现 | | | | |
| 21 | 当季现金收入合计 | | | | |
| 22 | 当季现金支出合计 | | | | |
| 23 | 季末现金对账（请填余额）〔（1）+（21）-（22）〕 | | | | |
| 年末 | 缴纳违约订单罚款 | | | | |
| | 支付维修费 | | | | |
| | 计提折旧 | | | | |
| | 新市场开拓/ISO资格认证 | | | | |
| | 结账 | | | | |

（五）登记组间交易明细表（见表7-22）

表7-22　　　　　　　　　　　**组间交易明细表**

| 买入 | | | 卖出 | | |
|---|---|---|---|---|---|
| 产品 | 数量 | 金额 | 产品 | 数量 | 金额 |
|  |  |  |  |  |  |
|  |  |  |  |  |  |
|  |  |  |  |  |  |

（六）编制产品核算统计表（见表7-23）

表7-23　　　　　　　　　　　**产品核算统计表**

| 产品 | P1 | P2 | P3 | P4 | 合计 |
|---|---|---|---|---|---|
| 数量 |  |  |  |  |  |
| 销售额 |  |  |  |  |  |
| 成本 |  |  |  |  |  |
| 毛利 |  |  |  |  |  |

（七）填写财务报表（见表7-24、表7-25、表7-26）

表7-24　　　　　　　　　　　**综合管理费用明细表**

| 项目 | 金额 | 备注 |
|---|---|---|
| 管理费 |  |  |
| 广告费 |  |  |
| 维修费 |  |  |
| 租金 |  |  |
| 转产费 |  |  |
| 市场准入开拓 |  | □本地　□区域　□国内　□亚洲　□国际 |
| ISO资格认证 |  | □ISO9000　□ISO14000 |
| 产品研发 |  | P1（　）　P2（　）　P3（　）　P4（　） |
| 其他 |  |  |
| 合计 |  |  |

表7-25　　　　　　　　　　　　　　**利润表**

| 项目 | 上年金额 | 本年金额 |
|---|---|---|
| 销售收入 | | |
| 直接成本 | | |
| 毛利 | | |
| 综合费用 | | |
| 折旧前利润 | | |
| 折旧 | | |
| 支付利息前利润 | | |
| 财务费用 | | |
| 税前利润 | | |
| 所得税费用 | | |
| 净利润 | | |

表7-26　　　　　　　　　　　　　　**资产负债表**

| 资产 | 期初余额 | 期末余额 | 负债和所有者权益 | 期初余额 | 期末余额 |
|---|---|---|---|---|---|
| 流动资产: | | | 负债: | | |
| 库存现金 | | | 长期负债 | | |
| 应收账款 | | | 短期负债 | | |
| 在产品 | | | 应付账款 | | |
| 产成品 | | | 应交税费 | | |
| 原料 | | | 1年内到期的长期负债 | | |
| 流动资产合计 | | | 负债合计 | | |
| 固定资产: | | | 所有者权益: | | |
| 土地和建筑 | | | 股东资本 | | |
| 机器与设备 | | | 利润留存 | | |
| 在建工程 | | | 年度净利 | | |
| 固定资产合计 | | | 所有者权益合计 | | |
| 资产总计 | | | 负债和所有者权益总计 | | |

（八）填写期末总结表（见表7-27）

表7-27　　　　　　　　　　　　　**期末总结表**

| 经营要点 |
| --- |
|  |
| 经营出现的问题或者潜在风险 |
|  |
| 下一年应注意什么问题 |
|  |

# 实训4　第3年经营

## 一、实训目的

企业完成第3年的经营。

## 二、实训内容

（一）制订新年度计划

（二）开始第3年经营

（三）登记经营记录表及编制报表

（四）总结第3年的经营

## 三、实训步骤

（一）制订新年度计划

（二）参加订货会并选取订单

（三）编制现金预算表

（四）企业开始第3年的经营并填写经营记录表

（五）编制各项报表

（六）总结第3年的经营，准备开始第4年的经营

## 四、实验指导

第3年的经营管理思路与第2年类似，先制订新年度计划，再投放广告，在订货会上取得订单；接着进行专项决策预算、业务预算、财务预算，编制现金预算

表，开始当年的运营并进行相应的登记；最后，编制财务报表。

（一）各部门制订第3年的工作计划

（二）营销总监投放广告，参加订货会，登记销售订单

（三）财务总监根据订单和各部门工作计划编制第3年预算

1.专项决策预算。企业考虑是否继续进行新市场开拓、ISO认证和生产线投资等。

2.业务预算。生产总监根据订单编制生产计划，采购总监根据生产计划编制采购计划。

3.编制现金预算表。根据上述各项预算，财务总监编制第3年现金预算表。

（四）开始企业第3年的经营

企业根据新年度计划开始第3年的经营，并登记第3年经营记录表及其他记录表。

（五）编制财务报表

企业经营结束后，财务总监编制第3年财务报表，包括第3年的综合管理费用明细表、利润表和资产负债表。

## 五、实验要求

（一）编制新年度计划表（见表7-28）

表7-28                 新年度计划表

| 市场开拓计划 |
| --- |
| |
| 产品研发计划 |
| |
| 厂房和生产线计划 |
| |
| 生产计划和采购计划 |
| |

（二）填写订单登记表（见表7-29）

表7-29　　　　　　　　　　　　　　**订单登记表**

| 订单号 | | | | | | | | | | | | 合计 |
|---|---|---|---|---|---|---|---|---|---|---|---|---|
| 市场 | | | | | | | | | | | | |
| 产品 | | | | | | | | | | | | |
| 数量 | | | | | | | | | | | | |
| 交货期 | | | | | | | | | | | | |
| 账期 | | | | | | | | | | | | |
| 销售额 | | | | | | | | | | | | |
| 成本 | | | | | | | | | | | | |
| 毛利 | | | | | | | | | | | | |
| 未售 | | | | | | | | | | | | |

（三）编制现金预算表（见表7-30）

表7-30　　　　　　　　　　　　　　**现金预算表**

| 项目 | 第1季度 | 第2季度 | 第3季度 | 第4季度 |
|---|---|---|---|---|
| 期初库存现金 | | | | |
| 贴现收入 | | | | |
| 支付上年应交税 | | | | |
| 市场广告投入 | | | | |
| 支付长期贷款利息／偿还长期贷款 | | | | |
| 利息（短期贷款） | | | | |
| 支付到期短期贷款 | | | | |
| 原料采购支付现金 | | | | |
| 厂房租买开支 | | | | |
| 生产线投资 | | | | |
| 转产费用 | | | | |
| 生产线变卖 | | | | |
| 工人工资（下一批生产） | | | | |
| 收到应收账款 | | | | |
| 产品研发投资 | | | | |
| 支付管理费用 | | | | |
| 厂房续租 | | | | |
| 市场开拓投资 | | | | |
| ISO认证投资 | | | | |
| 设备维修费用 | | | | |
| 违约罚款 | | | | |
| 其他 | | | | |
| 季末现金收入 | | | | |
| 季末现金支出 | | | | |
| 申请长期贷款 | | | | |
| 申请短期贷款 | | | | |
| 期末余额 | | | | |

要点记录:

第1季度: _____

第2季度: _____

第3季度: _____

第4季度: _____

注意事项: _____

（四）登记经营记录表（见表7-31）

表7-31　　　　　　　　　　　　　**经营记录表**

| 顺序 | 运营流程 | 第1季度 | 第2季度 | 第3季度 | 第4季度 |
|------|----------|---------|---------|---------|---------|
| 年初 | 新年度规划会议 |  |  |  |  |
|  | 投放广告 |  |  |  |  |
|  | 参加订货会选订单/登记订单 |  |  |  |  |
|  | 支付应付税 |  |  |  |  |
|  | 支付长期贷款利息 |  |  |  |  |
|  | 更新长期贷款/长期贷款还款 |  |  |  |  |
|  | 申请长期贷款 |  |  |  |  |
| 1 | 季初现金盘点 |  |  |  |  |
| 2 | 更新短期贷款/短期贷款还本付息 |  |  |  |  |
| 3 | 申请短期贷款 |  |  |  |  |
| 4 | 原材料入库/更新原料订单 |  |  |  |  |
| 5 | 下原料订单 |  |  |  |  |
| 6 | 购买/租用厂房 |  |  |  |  |
| 7 | 更新生产/完工入库 |  |  |  |  |
| 8 | 新建/在建/转产/变卖生产线 |  |  |  |  |
| 9 | 紧急采购（随时进行） |  |  |  |  |
| 10 | 开始下一批生产 |  |  |  |  |
| 11 | 更新应收账款/应收账款收现 |  |  |  |  |
| 12 | 按订单交货 |  |  |  |  |
| 13 | 产品研发投资 |  |  |  |  |
| 14 | 厂房出售/退租/租转买 |  |  |  |  |

| 顺序 | 运营流程 | 第1季度 | 第2季度 | 第3季度 | 第4季度 |
|---|---|---|---|---|---|
| 15 | 新市场开拓 | | | | |
| 16 | ISO资格投资 | | | | |
| 17 | 支付管理费 | | | | |
| 18 | 出售库存 | | | | |
| 19 | 厂房贴现 | | | | |
| 20 | 应收账款贴现 | | | | |
| 21 | 当季现金收入合计 | | | | |
| 22 | 当季现金支出合计 | | | | |
| 23 | 季末现金对账（请填余额）〔（1）+（21）-（22）〕 | | | | |
| 年末 | 缴纳违约订单罚款 | | | | |
| | 支付维修费 | | | | |
| | 计提折旧 | | | | |
| | 新市场开拓/ISO资格认证 | | | | |
| | 结账 | | | | |

（五）登记组间交易明细表（见表7-32）

表7-32　　　　　　　　　　　**组间交易明细表**

| 买入 | | | 卖出 | | |
|---|---|---|---|---|---|
| 产品 | 数量 | 金额 | 产品 | 数量 | 金额 |
| | | | | | |
| | | | | | |
| | | | | | |

（六）编制产品核算统计表（见表7-33）

表7-33　　　　　　　　　　　**产品核算统计表**

| 产品 | P1 | P2 | P3 | P4 | 合计 |
|---|---|---|---|---|---|
| 数量 | | | | | |
| 销售额 | | | | | |
| 成本 | | | | | |
| 毛利 | | | | | |

（七）填写财务报表（见表7-34、表7-35、表7-36）

表7-34 综合管理费用明细表

| 项目 | 金额 | 备注 |
|---|---|---|
| 管理费 | | |
| 广告费 | | |
| 维修费 | | |
| 租金 | | |
| 转产费 | | |
| 市场准入开拓 | | □本地 □区域 □国内 □亚洲 □国际 |
| ISO资格认证 | | □ISO9000 □ISO14000 |
| 产品研发 | | P1（ ） P2（ ） P3（ ） P4（ ） |
| 其他 | | |
| 合计 | | |

表7-35 利润表

| 项目 | 上年金额 | 本年金额 |
|---|---|---|
| 销售收入 | | |
| 直接成本 | | |
| 毛利 | | |
| 综合费用 | | |
| 折旧前利润 | | |
| 折旧 | | |
| 支付利息前利润 | | |
| 财务费用 | | |
| 税前利润 | | |
| 所得税费用 | | |
| 净利润 | | |

表7-36 资产负债表

| 资产 | 期初余额 | 期末余额 | 负债和所有者权益 | 期初余额 | 期末余额 |
|---|---|---|---|---|---|
| 流动资产： | | | 负债： | | |
| 库存现金 | | | 长期负债 | | |
| 应收账款 | | | 短期负债 | | |
| 在产品 | | | 应付账款 | | |
| 产成品 | | | 应交税费 | | |
| 原料 | | | 1年内到期的长期负债 | | |
| 流动资产合计 | | | 负债合计 | | |
| 固定资产： | | | 所有者权益： | | |
| 土地和建筑 | | | 股东资本 | | |
| 机器与设备 | | | 利润留存 | | |
| 在建工程 | | | 年度净利 | | |
| 固定资产合计 | | | 所有者权益合计 | | |
| 资产总计 | | | 负债和所有者权益总计 | | |

（八）填写期末总结表（见表7-37）

表7-37 **期末总结表**

| 经营要点 |
| --- |
| |
| 经营出现的问题或者潜在风险 |
| |
| 下一年应注意什么问题 |
| |

# 实训5　第4年经营

## 一、实训目的

企业完成第4年的经营。

## 二、实训内容

（一）制订新年度计划

（二）开始第4年经营

（三）登记经营记录表及编制报表

（四）总结第4年的经营

## 三、实训步骤

（一）制订新年度计划

（二）参加订货会并选取订单

（三）编制现金预算表

（四）企业开始第4年的经营并填写经营记录表

（五）编制各项报表

（六）总结第4年的经营，准备开始第5年的经营

## 四、实验指导

先制订新年度计划，再投放广告，在订货会上取得订单；接着进行专项决策预

算、业务预算、财务预算，编制现金预算表，开始当年的运营并进行相应的登记；最后，编制财务报表。

（一）各部门制订第4年的工作计划

（二）营销总监投放广告，参加订货会，登记销售订单

（三）财务总监根据订单和各部门工作计划编制第4年预算

1.专项决策预算。企业考虑是否继续进行新市场开拓、ISO认证和生产线投资等。

2.业务预算。生产总监根据订单编制生产计划，采购总监根据生产计划编制采购计划。

3.编制现金预算表。根据上述各项预算，财务总监编制第4年现金预算表。

（四）开始企业第4年的经营

企业根据新年度计划开始第4年的经营，并登记第4年经营记录表及其他记录表。

（五）编制财务报表

企业经营结束后，财务总监编制第4年财务报表，包括第4年的综合管理费用明细表、利润表和资产负债表。

**五、实验要求**

（一）编制新年度计划表（见表7-38）

表7-38 新年度计划表

| 市场开拓计划 |
| --- |
| |
| 产品研发计划 |
| |
| 厂房和生产线计划 |
| |
| 生产计划和采购计划 |
| |

（二）填写订单登记表（见表7-39）

表7-39 订单登记表

| 订单号 | | | | | | | | | | 合计 |
|---|---|---|---|---|---|---|---|---|---|---|
| 市场 | | | | | | | | | | |
| 产品 | | | | | | | | | | |
| 数量 | | | | | | | | | | |
| 交货期 | | | | | | | | | | |
| 账期 | | | | | | | | | | |
| 销售额 | | | | | | | | | | |
| 成本 | | | | | | | | | | |
| 毛利 | | | | | | | | | | |
| 未售 | | | | | | | | | | |

（三）编制现金预算表（见表7-40）

表7-40 现金预算表

| 项目 | 第1季度 | 第2季度 | 第3季度 | 第4季度 |
|---|---|---|---|---|
| 期初库存现金 | | | | |
| 贴现收入 | | | | |
| 支付上年应交税 | | | | |
| 市场广告投入 | | | | |
| 支付长期贷款利息／偿还长期贷款 | | | | |
| 利息（短期贷款） | | | | |
| 支付到期短期贷款 | | | | |
| 原料采购支付现金 | | | | |
| 厂房租买开支 | | | | |
| 生产线投资 | | | | |
| 转产费用 | | | | |
| 生产线变卖 | | | | |
| 工人工资（下一批生产） | | | | |
| 收到应收账款 | | | | |
| 产品研发投资 | | | | |
| 支付管理费用 | | | | |
| 厂房续租 | | | | |
| 市场开拓投资 | | | | |
| ISO认证投资 | | | | |
| 设备维修费用 | | | | |
| 违约罚款 | | | | |
| 其他 | | | | |
| 季末现金收入 | | | | |
| 季末现金支出 | | | | |
| 申请长期贷款 | | | | |
| 申请短期贷款 | | | | |
| 期末余额 | | | | |

要点记录：

第1季度：_____

第2季度：_____

第3季度：_____

第4季度：_____

注意事项：_____

（四）登记经营记录表（见表7-41）

表7-41 　　　　　　　　　　　　　经营记录表

| 顺序 | 运营流程 | 第1季度 | 第2季度 | 第3季度 | 第4季度 |
|---|---|---|---|---|---|
| 年初 | 新年度规划会议 | | | | |
| | 投放广告 | | | | |
| | 参加订货会选订单/登记订单 | | | | |
| | 支付应付税 | | | | |
| | 支付长期贷款利息 | | | | |
| | 更新长期贷款/长期贷款还款 | | | | |
| | 申请长期贷款 | | | | |
| 1 | 季初现金盘点 | | | | |
| 2 | 更新短期贷款/短期贷款还本付息 | | | | |
| 3 | 申请短期贷款 | | | | |
| 4 | 原材料入库/更新原料订单 | | | | |
| 5 | 下原料订单 | | | | |
| 6 | 购买/租用厂房 | | | | |
| 7 | 更新生产/完工入库 | | | | |
| 8 | 新建/在建/转产/变卖生产线 | | | | |
| 9 | 紧急采购（随时进行） | | | | |
| 10 | 开始下一批生产 | | | | |
| 11 | 更新应收账款/应收账款收现 | | | | |
| 12 | 按订单交货 | | | | |
| 13 | 产品研发投资 | | | | |
| 14 | 厂房出售/退租/租转买 | | | | |

续表

| 顺序 | 运营流程 | 第1季度 | 第2季度 | 第3季度 | 第4季度 |
|---|---|---|---|---|---|
| 15 | 新市场开拓 | | | | |
| 16 | ISO资格投资 | | | | |
| 17 | 支付管理费 | | | | |
| 18 | 出售库存 | | | | |
| 19 | 厂房贴现 | | | | |
| 20 | 应收账款贴现 | | | | |
| 21 | 当季现金收入合计 | | | | |
| 22 | 当季现金支出合计 | | | | |
| 23 | 季末现金对账（请填余额）[（1）+（21）-（22）] | | | | |
| 年末 | 缴纳违约订单罚款 | | | | |
| | 支付维修费 | | | | |
| | 计提折旧 | | | | |
| | 新市场开拓/ISO资格认证 | | | | |
| | 结账 | | | | |

（五）登记组间交易明细表（见表7-42）

表7-42　　　　　　　　　　　　组间交易明细表

| 买入 | | | 卖出 | | |
|---|---|---|---|---|---|
| 产品 | 数量 | 金额 | 产品 | 数量 | 金额 |
| | | | | | |
| | | | | | |
| | | | | | |

（六）编制产品核算统计表（见表7-43）

表7-43　　　　　　　　　　　　产品核算统计表

| 产品 | P1 | P2 | P3 | P4 | 合计 |
|---|---|---|---|---|---|
| 数量 | | | | | |
| 销售额 | | | | | |
| 成本 | | | | | |
| 毛利 | | | | | |

## （七）填写财务报表（见表7-44、表7-45、表7-46）

表7-44 综合管理费用明细表

| 项目 | 金额 | 备注 |
|---|---|---|
| 管理费 | | |
| 广告费 | | |
| 维修费 | | |
| 租金 | | |
| 转产费 | | |
| 市场准入开拓 | | □本地　□区域　□国内　□亚洲　□国际 |
| ISO资格认证 | | □ISO9000　□ISO14000 |
| 产品研发 | | P1（　）　P2（　）　P3（　）　P4（　） |
| 其他 | | |
| 合计 | | |

表7-45 利润表

| 项目 | 上年金额 | 本年金额 |
|---|---|---|
| 销售收入 | | |
| 直接成本 | | |
| 毛利 | | |
| 综合费用 | | |
| 折旧前利润 | | |
| 折旧 | | |
| 支付利息前利润 | | |
| 财务费用 | | |
| 税前利润 | | |
| 所得税费用 | | |
| 净利润 | | |

表7-46 资产负债表

| 资产 | 期初余额 | 期末余额 | 负债和所有者权益 | 期初余额 | 期末余额 |
|---|---|---|---|---|---|
| 流动资产： | | | 负债： | | |
| 库存现金 | | | 长期负债 | | |
| 应收账款 | | | 短期负债 | | |
| 在产品 | | | 应付账款 | | |
| 产成品 | | | 应交税费 | | |
| 原料 | | | 1年内到期的长期负债 | | |
| 流动资产合计 | | | 负债合计 | | |
| 固定资产： | | | 所有者权益： | | |
| 土地和建筑 | | | 股东资本 | | |
| 机器与设备 | | | 利润留存 | | |
| 在建工程 | | | 年度净利 | | |
| 固定资产合计 | | | 所有者权益合计 | | |
| 资产总计 | | | 负债和所有者权益总计 | | |

（八）填写期末总结表（见表7-47）

表7-47 　　　　　　　　　　　　　　　**期末总结表**

| 经营要点 |
| --- |
|  |
| 经营出现的问题或者潜在风险 |
|  |
| 下一年应注意什么问题 |
|  |

# 实训 6 　第 5 年经营

## 一、实训目的

企业完成第5年的经营。

## 二、实训内容

（一）制订新年度计划

（二）开始第5年经营

（三）登记经营记录表及编制报表

（四）总结第5年的经营

## 三、实训步骤

（一）制订新年度计划

（二）参加订货会并选取订单

（三）编制现金预算表

（四）企业开始第5年的经营并填写经营记录表

（五）编制各项报表

（六）总结第5年的经营，准备开始第6年的经营

## 四、实验指导

先制订新年度计划，再投放广告，在订货会上取得订单；接着进行专项决策预

算、业务预算、财务预算，编制现金预算表，开始当年的运营并进行相应的登记；最后，编制财务报表。

（一）各部门制订第5年的工作计划

（二）营销总监投放广告，参加订货会，登记销售订单

（三）财务总监根据订单和各部门工作计划编制第5年预算

1.专项决策预算。企业考虑是否继续进行新市场开拓、ISO认证和生产线投资等。

2.业务预算。生产总监根据订单编制生产计划，采购总监根据生产计划编制采购计划。

3.编制现金预算表。根据上述各项预算，财务总监编制第5年现金预算表。

（四）开始企业第5年的经营

企业根据新年度计划开始第5年的经营，并登记第5年经营记录表及其他记录表。

（五）编制财务报表

企业经营结束后，财务总监编制第5年的财务报表，包括第5年的综合管理费用明细表、利润表和资产负债表。

**五、实验要求**

（一）编制新年度计划表（见表7-48）

表7-48　　　　　　　　　　　　　　**新年度计划表**

| 市场开拓计划 |
|---|
| |
| 产品研发计划 |
| |
| 厂房和生产线计划 |
| |
| 生产计划和采购计划 |
| |

（二）填写订单登记表（见表7-49）

表 7-49                          **订单登记表**

| 订单号 | | | | | | | | | | 合计 |
|---|---|---|---|---|---|---|---|---|---|---|
| 市场 | | | | | | | | | | |
| 产品 | | | | | | | | | | |
| 数量 | | | | | | | | | | |
| 交货期 | | | | | | | | | | |
| 账期 | | | | | | | | | | |
| 销售额 | | | | | | | | | | |
| 成本 | | | | | | | | | | |
| 毛利 | | | | | | | | | | |
| 未售 | | | | | | | | | | |

（三）编制现金预算表（见表7-50）

表 7-50                          **现金预算表**

| 项目 | 第1季度 | 第2季度 | 第3季度 | 第4季度 |
|---|---|---|---|---|
| 期初库存现金 | | | | |
| 贴现收入 | | | | |
| 支付上年应交税 | | | | |
| 市场广告投入 | | | | |
| 支付长期贷款利息／偿还长期贷款 | | | | |
| 利息（短期贷款） | | | | |
| 支付到期短期贷款 | | | | |
| 原料采购支付现金 | | | | |
| 厂房租买开支 | | | | |
| 生产线投资 | | | | |
| 转产费用 | | | | |
| 生产线变卖 | | | | |
| 工人工资（下一批生产） | | | | |
| 收到应收账款 | | | | |
| 产品研发投资 | | | | |
| 支付管理费用 | | | | |
| 厂房续租 | | | | |
| 市场开拓投资 | | | | |
| ISO认证投资 | | | | |
| 设备维修费用 | | | | |
| 违约罚款 | | | | |
| 其他 | | | | |
| 季末现金收入 | | | | |
| 季末现金支出 | | | | |
| 申请长期贷款 | | | | |
| 申请短期贷款 | | | | |
| 期末余额 | | | | |

要点记录：

第1季度：＿＿＿＿＿＿＿＿＿＿＿＿＿＿＿＿＿＿＿＿＿＿＿＿＿＿＿＿＿

第2季度：＿＿＿＿＿＿＿＿＿＿＿＿＿＿＿＿＿＿＿＿＿＿＿＿＿＿＿＿＿

第3季度：＿＿＿＿＿＿＿＿＿＿＿＿＿＿＿＿＿＿＿＿＿＿＿＿＿＿＿＿＿

第4季度：＿＿＿＿＿＿＿＿＿＿＿＿＿＿＿＿＿＿＿＿＿＿＿＿＿＿＿＿＿

注意事项：＿＿＿＿＿＿＿＿＿＿＿＿＿＿＿＿＿＿＿＿＿＿＿＿＿＿＿＿＿

（四）登记经营记录表（见表7-51）

表7-51 经营记录表

| 顺序 | 运营流程 | 第1季度 | 第2季度 | 第3季度 | 第4季度 |
|---|---|---|---|---|---|
| 年初 | 新年度规划会议 | | | | |
| | 投放广告 | | | | |
| | 参加订货会选订单/登记订单 | | | | |
| | 支付应付税 | | | | |
| | 支付长期贷款利息 | | | | |
| | 更新长期贷款/长期贷款还款 | | | | |
| | 申请长期贷款 | | | | |
| 1 | 季初现金盘点 | | | | |
| 2 | 更新短期贷款/短期贷款还本付息 | | | | |
| 3 | 申请短期贷款 | | | | |
| 4 | 原材料入库/更新原料订单 | | | | |
| 5 | 下原料订单 | | | | |
| 6 | 购买/租用厂房 | | | | |
| 7 | 更新生产/完工入库 | | | | |
| 8 | 新建/在建/转产/变卖生产线 | | | | |
| 9 | 紧急采购（随时进行） | | | | |
| 10 | 开始下一批生产 | | | | |
| 11 | 更新应收账款/应收账款收现 | | | | |
| 12 | 按订单交货 | | | | |
| 13 | 产品研发投资 | | | | |
| 14 | 厂房出售/退租/租转买 | | | | |

续表

| 顺序 | 运营流程 | 第1季度 | 第2季度 | 第3季度 | 第4季度 |
|---|---|---|---|---|---|
| 15 | 新市场开拓 | | | | |
| 16 | ISO资格投资 | | | | |
| 17 | 支付管理费 | | | | |
| 18 | 出售库存 | | | | |
| 19 | 厂房贴现 | | | | |
| 20 | 应收账款贴现 | | | | |
| 21 | 当季现金收入合计 | | | | |
| 22 | 当季现金支出合计 | | | | |
| 23 | 季末现金对账（请填余额）〔（1）+（21）-（22）〕 | | | | |
| 年末 | 缴纳违约订单罚款 | | | | |
| | 支付维修费 | | | | |
| | 计提折旧 | | | | |
| | 新市场开拓/ISO资格认证 | | | | |
| | 结账 | | | | |

（五）登记组间交易明细表（见表7-52）

表7-52　　　　　　　　　　　组间交易明细表

| 买入 | | | 卖出 | | |
|---|---|---|---|---|---|
| 产品 | 数量 | 金额 | 产品 | 数量 | 金额 |
| | | | | | |
| | | | | | |
| | | | | | |

（六）编制产品核算统计表（见表7-53）

表7-53　　　　　　　　　　　产品核算统计表

| 产品 | P1 | P2 | P3 | P4 | 合计 |
|---|---|---|---|---|---|
| 数量 | | | | | |
| 销售额 | | | | | |
| 成本 | | | | | |
| 毛利 | | | | | |

## （七）填写财务报表（见表7-54、表7-55、表7-56）

表7-54 综合管理费用明细表

| 项目 | 金额 | 备注 |
|---|---|---|
| 管理费 | | |
| 广告费 | | |
| 维修费 | | |
| 租金 | | |
| 转产费 | | |
| 市场准入开拓 | | □本地　□区域　□国内　□亚洲　□国际 |
| ISO资格认证 | | □ISO9000　□ISO14000 |
| 产品研发 | | P1（　）　P2（　）　P3（　）　P4（　） |
| 其他 | | |
| 合计 | | |

表7-55 利润表

| 项目 | 上年金额 | 本年金额 |
|---|---|---|
| 销售收入 | | |
| 直接成本 | | |
| 毛利 | | |
| 综合费用 | | |
| 折旧前利润 | | |
| 折旧 | | |
| 支付利息前利润 | | |
| 财务费用 | | |
| 税前利润 | | |
| 所得税费用 | | |
| 净利润 | | |

表7-56　　　　　　　　　　　**资产负债表**

| 资产 | 期初余额 | 期末余额 | 负债和所有者权益 | 期初余额 | 期末余额 |
|---|---|---|---|---|---|
| 流动资产： | | | 负债： | | |
| 库存现金 | | | 长期负债 | | |
| 应收账款 | | | 短期负债 | | |
| 在产品 | | | 应付账款 | | |
| 产成品 | | | 应交税费 | | |
| 原料 | | | 1年内到期的长期负债 | | |
| 　流动资产合计 | | | 　负债合计 | | |
| 固定资产： | | | 所有者权益： | | |
| 土地和建筑 | | | 股东资本 | | |
| 机器与设备 | | | 利润留存 | | |
| 在建工程 | | | 年度净利 | | |
| 　固定资产合计 | | | 　所有者权益合计 | | |
| 　资产总计 | | | 　负债和所有者权益总计 | | |

（八）填写期末总结表（见表7-57）

表7-57　　　　　　　　　　　**期末总结表**

| 经营要点 |
|---|
| |
| 经营出现的问题或者潜在风险 |
| |
| 下一年应注意什么问题 |
| |

# 实训7　第6年经营

## 一、实训目的

企业完成第6年的经营。

## 二、实训内容

（一）制订新年度计划

（二）开始第6年经营

（三）登记经营记录表及编制报表

（四）总结第6年的经营

## 三、实训步骤

（一）制订新年度计划

（二）参加订货会并选取订单

（三）编制现金预算表

（四）企业开始第6年的经营并填写经营记录表

（五）编制各项报表

（六）总结第6年的经营

## 四、实验指导

第6年年末要考核企业，因此除了正常的经营之外，还应考虑比赛的评分规则。企业的经营管理依旧是先制订新年度计划，再投放广告，在订货会上取得订单；接着进行专项决策预算、业务预算、财务预算，编制现金预算表，开始当年的运营并进行相应的登记；最后，编制财务报表。

（一）各部门制订第6年的新年度计划

（二）营销总监投放广告，参加订货会，登记销售订单

（三）财务总监根据订单和各部门工作计划编制第6年预算

1.专项决策预算。企业考虑是否继续进行新市场开拓、ISO认证和生产线投资等。

2.业务预算。生产总监根据订单编制生产计划，采购总监根据生产计划编制采购计划。

3.编制现金预算表。根据上述各项预算，财务总监编制第6年现金预算表。

（四）开始企业第6年的经营

企业根据新年度计划开始第6年的经营，并登记第6年经营记录表及其他记录表。

（五）编制财务报表

企业经营结束后，财务总监编制第6年财务报表，包括第6年的综合管理费用明细表、利润表和资产负债表。

## 五、实验要求

（一）编制新年度计划表（见表7-58）

表7-58　　　　　　　　　　　**新年度计划表**

| 市场开拓计划 |
|---|
|  |
| 产品研发计划 |
|  |
| 厂房和生产线计划 |
|  |
| 生产计划和采购计划 |
|  |

（二）填写订单登记表（见表7-59）

表7-59　　　　　　　　　　　**订单登记表**

| 订单号 |  |  |  |  |  |  |  |  |  |  | 合计 |
|---|---|---|---|---|---|---|---|---|---|---|---|
| 市场 |  |  |  |  |  |  |  |  |  |  |  |
| 产品 |  |  |  |  |  |  |  |  |  |  |  |
| 数量 |  |  |  |  |  |  |  |  |  |  |  |
| 交货期 |  |  |  |  |  |  |  |  |  |  |  |
| 账期 |  |  |  |  |  |  |  |  |  |  |  |
| 销售额 |  |  |  |  |  |  |  |  |  |  |  |
| 成本 |  |  |  |  |  |  |  |  |  |  |  |
| 毛利 |  |  |  |  |  |  |  |  |  |  |  |
| 未售 |  |  |  |  |  |  |  |  |  |  |  |

（三）编制现金预算表（见表7-60）

表7-60　　　　　　　　　　　　　　**现金预算表**

| 项目 | 第1季度 | 第2季度 | 第3季度 | 第4季度 |
|---|---|---|---|---|
| 期初库存现金 | | | | |
| 贴现收入 | | | | |
| 支付上年应交税 | | | | |
| 市场广告投入 | | | | |
| 支付长期贷款利息／偿还长期贷款 | | | | |
| 利息（短期贷款） | | | | |
| 支付到期短期贷款 | | | | |
| 原料采购支付现金 | | | | |
| 厂房租买开支 | | | | |
| 生产线投资 | | | | |
| 转产费用 | | | | |
| 生产线变卖 | | | | |
| 工人工资（下一批生产） | | | | |
| 收到应收账款 | | | | |
| 产品研发投资 | | | | |
| 支付管理费用 | | | | |
| 厂房续租 | | | | |
| 市场开拓投资 | | | | |
| ISO认证投资 | | | | |
| 设备维修费用 | | | | |
| 违约罚款 | | | | |
| 其他 | | | | |
| 季末现金收入 | | | | |
| 季末现金支出 | | | | |
| 申请长期贷款 | | | | |
| 申请短期贷款 | | | | |
| 期末余额 | | | | |

要点记录：

第1季度：_____

第2季度：_____

第3季度：_____

第4季度：_____

注意事项：_____

_____

### （四）登记经营记录表（见表7-61）

表7-61　　　　　　　　　　　经营记录表

| 顺序 | 运营流程 | 第1季度 | 第2季度 | 第3季度 | 第4季度 |
|---|---|---|---|---|---|
| 年初 | 新年度规划会议 | | | | |
| | 投放广告 | | | | |
| | 参加订货会选订单/登记订单 | | | | |
| | 支付应付税 | | | | |
| | 支付长期贷款利息 | | | | |
| | 更新长期贷款/长期贷款还款 | | | | |
| | 申请长期贷款 | | | | |
| 1 | 季初现金盘点 | | | | |
| 2 | 更新短期贷款/短期贷款还本付息 | | | | |
| 3 | 申请短期贷款 | | | | |
| 4 | 原材料入库/更新原料订单 | | | | |
| 5 | 下原料订单 | | | | |
| 6 | 购买/租用厂房 | | | | |
| 7 | 更新生产/完工入库 | | | | |
| 8 | 新建/在建/转产/变卖生产线 | | | | |
| 9 | 紧急采购（随时进行） | | | | |
| 10 | 开始下一批生产 | | | | |
| 11 | 更新应收账款/应收账款收现 | | | | |
| 12 | 按订单交货 | | | | |
| 13 | 产品研发投资 | | | | |
| 14 | 厂房出售/退租/租转买 | | | | |
| 15 | 新市场开拓 | | | | |
| 16 | ISO资格投资 | | | | |
| 17 | 支付管理费 | | | | |
| 18 | 出售库存 | | | | |
| 19 | 厂房贴现 | | | | |
| 20 | 应收账款贴现 | | | | |
| 21 | 当季现金收入合计 | | | | |
| 22 | 当季现金支出合计 | | | | |
| 23 | 季末现金对账（请填余额）[（1）+（21）-（22）] | | | | |
| 年末 | 缴纳违约订单罚款 | | | | |
| | 支付维修费 | | | | |
| | 计提折旧 | | | | |
| | 新市场开拓/ISO资格认证 | | | | |
| | 结账 | | | | |

（五）登记组间交易明细表（见表7-62）

表7-62　　　　　　　　　　　组间交易明细表

| 买入 | | | 卖出 | | |
|---|---|---|---|---|---|
| 产品 | 数量 | 金额 | 产品 | 数量 | 金额 |
|  |  |  |  |  |  |
|  |  |  |  |  |  |
|  |  |  |  |  |  |

（六）编制产品核算统计表（见表9-63）

表9-63　　　　　　　　　　　产品核算统计表

| 产品 | P1 | P2 | P3 | P4 | 合计 |
|---|---|---|---|---|---|
| 数量 |  |  |  |  |  |
| 销售额 |  |  |  |  |  |
| 成本 |  |  |  |  |  |
| 毛利 |  |  |  |  |  |

（七）填写财务报表（见表7-64、表7-65、表7-66）

表7-64　　　　　　　　　　　综合管理费用明细表

| 项目 | 金额 | 备注 |
|---|---|---|
| 管理费 |  |  |
| 广告费 |  |  |
| 维修费 |  |  |
| 租金 |  |  |
| 转产费 |  |  |
| 市场准入开拓 |  | □本地　□区域　□国内　□亚洲　□国际 |
| ISO资格认证 |  | □ISO9000　□ISO14000 |
| 产品研发 |  | P1（　）　P2（　）　P3（　）　P4（　） |
| 其他 |  |  |
| 合计 |  |  |

表 7-65　　　　　　　　　　　　　　　**利润表**

| 项目 | 上年金额 | 本年金额 |
|---|---|---|
| 销售收入 | | |
| 直接成本 | | |
| 毛利 | | |
| 综合费用 | | |
| 折旧前利润 | | |
| 折旧 | | |
| 支付利息前利润 | | |
| 财务费用 | | |
| 税前利润 | | |
| 所得税费用 | | |
| 净利润 | | |

表 7-66　　　　　　　　　　　　　　**资产负债表**

| 资产 | 期初余额 | 期末余额 | 负债和所有者权益 | 期初余额 | 期末余额 |
|---|---|---|---|---|---|
| 流动资产: | | | 负债: | | |
| 库存现金 | | | 长期负债 | | |
| 应收账款 | | | 短期负债 | | |
| 在产品 | | | 应付账款 | | |
| 产成品 | | | 应交税费 | | |
| 原料 | | | 1年内到期的长期负债 | | |
| 流动资产合计 | | | 负债合计 | | |
| 固定资产: | | | 所有者权益: | | |
| 土地和建筑 | | | 股东资本 | | |
| 机器与设备 | | | 利润留存 | | |
| 在建工程 | | | 年度净利 | | |
| 固定资产合计 | | | 所有者权益合计 | | |
| 资产总计 | | | 负债和所有者权益总计 | | |

（八）填写期末总结表（见表7-67）

表7-67　　　　　　　　　　　　　　　**期末总结表**

| 经营要点 |
| --- |
| |
| 经营出现的问题或者潜在风险 |
| |
| 下一年应注意什么问题 |
| |

此外，我们还给出了生产计划及采购计划编制（1~3年）（见表7-68）、生产计划及采购计划编制（4~6年）（见表7-69）和采购及材料付款计划（1~9年）（见表7-70）。

表7-68

生产计划及采购计划编制（1~3年）

| 生产线 | | 第1年 | | | | 第2年 | | | | 第3年 | | | |
|---|---|---|---|---|---|---|---|---|---|---|---|---|---|
| | | 第1季度 | 第2季度 | 第3季度 | 第4季度 | 第1季度 | 第2季度 | 第3季度 | 第4季度 | 第1季度 | 第2季度 | 第3季度 | 第4季度 |
| 1 | 产品 | | | | | | | | | | | | |
| | 材料 | | | | | | | | | | | | |
| 2 | 产品 | | | | | | | | | | | | |
| | 材料 | | | | | | | | | | | | |
| 3 | 产品 | | | | | | | | | | | | |
| | 材料 | | | | | | | | | | | | |
| 4 | 产品 | | | | | | | | | | | | |
| | 材料 | | | | | | | | | | | | |
| 5 | 产品 | | | | | | | | | | | | |
| | 材料 | | | | | | | | | | | | |
| 6 | 产品 | | | | | | | | | | | | |
| | 材料 | | | | | | | | | | | | |
| 7 | 产品 | | | | | | | | | | | | |
| | 材料 | | | | | | | | | | | | |
| 8 | 产品 | | | | | | | | | | | | |
| | 材料 | | | | | | | | | | | | |
| 合计 | 产品 | | | | | | | | | | | | |
| | 材料 | | | | | | | | | | | | |

表7-69

生产计划及采购计划编制（4~6年）

| 生产线 | | 第4年 | | | | 第5年 | | | | 第6年 | | | |
|---|---|---|---|---|---|---|---|---|---|---|---|---|---|
| | | 第1季度 | 第2季度 | 第3季度 | 第4季度 | 第1季度 | 第2季度 | 第3季度 | 第4季度 | 第1季度 | 第2季度 | 第3季度 | 第4季度 |
| 1 | 产品 | | | | | | | | | | | | |
| | 材料 | | | | | | | | | | | | |
| 2 | 产品 | | | | | | | | | | | | |
| | 材料 | | | | | | | | | | | | |
| 3 | 产品 | | | | | | | | | | | | |
| | 材料 | | | | | | | | | | | | |
| 4 | 产品 | | | | | | | | | | | | |
| | 材料 | | | | | | | | | | | | |
| 5 | 产品 | | | | | | | | | | | | |
| | 材料 | | | | | | | | | | | | |
| 6 | 产品 | | | | | | | | | | | | |
| | 材料 | | | | | | | | | | | | |
| 7 | 产品 | | | | | | | | | | | | |
| | 材料 | | | | | | | | | | | | |
| 8 | 产品 | | | | | | | | | | | | |
| | 材料 | | | | | | | | | | | | |
| 合计 | 产品 | | | | | | | | | | | | |
| | 材料 | | | | | | | | | | | | |

表7-70

## 采购及材料付款计划（1~9年）

| 产品 | 第1年 | | | | 第2年 | | | | 第3年 | | | |
|---|---|---|---|---|---|---|---|---|---|---|---|---|
| | 第1季度 | 第2季度 | 第3季度 | 第4季度 | 第1季度 | 第2季度 | 第3季度 | 第4季度 | 第1季度 | 第2季度 | 第3季度 | 第4季度 |
| P1 | | | | | | | | | | | | |
| P2 | | | | | | | | | | | | |
| P3 | | | | | | | | | | | | |
| P4 | | | | | | | | | | | | |
| 人工付款 | | | | | | | | | | | | |

| 产品 | 第4年 | | | | 第5年 | | | | 第6年 | | | |
|---|---|---|---|---|---|---|---|---|---|---|---|---|
| | 第1季度 | 第2季度 | 第3季度 | 第4季度 | 第1季度 | 第2季度 | 第3季度 | 第4季度 | 第1季度 | 第2季度 | 第3季度 | 第4季度 |
| P1 | | | | | | | | | | | | |
| P2 | | | | | | | | | | | | |
| P3 | | | | | | | | | | | | |
| P4 | | | | | | | | | | | | |
| 人工付款 | | | | | | | | | | | | |

| 产品 | 第7年 | | | | 第8年 | | | | 第9年 | | | |
|---|---|---|---|---|---|---|---|---|---|---|---|---|
| | 第1季度 | 第2季度 | 第3季度 | 第4季度 | 第1季度 | 第2季度 | 第3季度 | 第4季度 | 第1季度 | 第2季度 | 第3季度 | 第4季度 |
| P1 | | | | | | | | | | | | |
| P2 | | | | | | | | | | | | |
| P3 | | | | | | | | | | | | |
| P4 | | | | | | | | | | | | |
| 人工付款 | | | | | | | | | | | | |

# 附　录

## 附录1　实物沙盘模拟经营重要规则

### 一、生产线投资规则（见表附1-1）

表附1-1　　　　　　　　　　　　　　生产线投资规则

| 生产线 | 购置费 | 安装周期 | 生产周期 | 总转产费 | 转产周期 | 维修费 | 残值 |
|--------|--------|----------|----------|----------|----------|--------|------|
| 手工生产线 | 5M | 0 | 3Q | 0 | 0 | 1M/年 | 1M |
| 半自动生产线 | 10M | 2Q | 2Q | 1M | 1Q | 1M/年 | 2M |
| 自动生产线 | 15M | 3Q | 1Q | 1M | 1Q | 1M/年 | 3M |
| 柔性生产线 | 20M | 4Q | 1Q | 0 | 0 | 1M/年 | 4M |

注：（1）不论何时出售生产线，都应从生产线净值中取出相当于残值的部分计入现金，净值与残值之差计入损失。（2）只有空置并且已经建成的生产线方可转产。（3）当年建成的生产线需要交维修费。

### 二、生产线折旧规则（平均年限法，见表附1-2）

表附1-2　　　　　　　　　　　　　　生产线折旧规则

| 生产线 | 购置费 | 残值 | 建成第1年 | 建成第2年 | 建成第3年 | 建成第4年 | 建成第5年 |
|--------|--------|------|-----------|-----------|-----------|-----------|-----------|
| 手工生产线 | 5M | 1M | 0 | 1M | 1M | 1M | 1M |
| 半自动生产线 | 10M | 2M | 0 | 2M | 2M | 2M | 2M |
| 自动生产线 | 15M | 3M | 0 | 3M | 3M | 3M | 3M |
| 柔性生产线 | 20M | 4M | 0 | 4M | 4M | 4M | 4M |

注：当年建成的生产线不计提折旧，当净值等于残值时生产线不再计提折旧，但可以继续使用。

### 三、筹资规则（见表附1-3）

表附1-3　　　　　　　　　　　　　筹资规则

| 筹资类型 | 筹资时间 | 筹资额度 | 年息 | 还款方式 |
|---|---|---|---|---|
| 长期贷款 | 每年年初 | 所有长期贷款和短期贷款之和不能超过上一年所有者权益的3倍 | 10% | 分期付息，到期一次还本；每次贷款为10的倍数 |
| 短期贷款 | 每季度初 |  | 5% | 到期一次还本付息；每次贷款为20的倍数 |
| 应收账款贴现 | 任何时间 | 视应收账款额 | 10%（1Q或2Q到期）、12.5%（3Q或4Q到期） | 变现时贴息，可对1Q或2Q应收账款联合贴现、3Q或4Q应收账款联合贴现 |
| 库存拍卖 | 原材料的出售价是原值的八折，产成品按成本价出售，小数点向下取整 | | | |

### 四、厂房投资规则（见表附1-4）

表附1-4　　　　　　　　　　　　　厂房投资规则

| 厂房 | 买价 | 租金 | 售价 | 容量 | 厂房出售得到4Q的应收账款，紧急情况下可将厂房贴现，直接得到现金；如果厂房中有生产线，同时要扣除租金 |
|---|---|---|---|---|---|
| 大厂房 | 40M | 5M/年 | 40M | 6条 | |
| 小厂房 | 30M | 3M/年 | 30M | 4条 | |

　　注：每个季度厂房均可租或买，并作相应处理，租满1年的厂房在满期的季度需要进行租转买、退租（当厂房中没有任何生产线时）等处理；如果未加处理，则原来租用的厂房在当季末自动续租；厂房不计提折旧，生产线不允许在不同厂房间移动。

### 五、市场开拓和准入（见表附1-5）

表附1-5　　　　　　　　　　　　市场开拓和准入

| 市场 | 开拓费 | 时间 | |
|---|---|---|---|
| 本地 | 1M/年 | 1年 | 开拓费按开拓时间在年末平均支付，不允许加速投资。市场开拓完成后，领取相应的市场准入证 |
| 区域 | 1M/年 | 1年 | |
| 国内 | 1M/年 | 2年 | |
| 亚洲 | 1M/年 | 3年 | |
| 国际 | 1M/年 | 4年 | |

### 六、ISO资格认证规则（见表附1-6）

表附1-6　　　　　　　　　　　ISO资格认证规则

| 名称 | ISO9000 | ISO14000 | |
|---|---|---|---|
| 时间 | 2年 | 2年 | 平均支付，认证完成后可以领取相应的ISO资格证；可中断投资 |
| 费用 | 1M/年 | 2M/年 | |

## 七、产品投资规则（见表附1-7）

表附1-7　　　　　　　　　　　产品投资规则

| 产品名称 | 开发费用 | 开发周期 | 加工费 | 产品组成 | 直接成本 |
|---|---|---|---|---|---|
| P1 | 1M/Q | 2Q | 1M/个 | R1 | 2M/个 |
| P2 | 1M/Q | 4Q | 1M/个 | R2+R3 | 3M/个 |
| P3 | 1M/Q | 6Q | 1M/个 | R1+R3+R4 | 4M/个 |
| P4 | 2M/Q | 6Q | 1M/个 | R2+R3+2R4 | 5M/个 |

## 八、材料采购规则（见表附1-8）

表附1-8　　　　　　　　　　　材料采购规则

| 材料名称 | 购买价格 | 提前期 |
|---|---|---|
| R1 | 1M/个 | 1Q |
| R2 | 1M/个 | 1Q |
| R3 | 1M/个 | 2Q |
| R4 | 1M/个 | 2Q |

## 九、紧急采购

如果企业没有及时下原料订单，生产又急需，可采用紧急采购方式购买。紧急采购原材料价格为正常采购价格的2倍。除了可以紧急采购原材料外，还可以紧急采购产成品，价格为产品直接成本的3倍。紧急采购都是付款即到货，即紧急采购原材料和产成品时，直接扣除现金。编制报表时，成本仍然按照标准成本记录，紧急采购多付出的成本计入综合管理费用中的其他项。

## 十、选单规则

首先，市场"老大"有优先选单权；其次，以本市场本产品广告费的大小顺序依次选单。如果两队本市场本产品广告费相同，则看其本市场广告费总额；如果本市场广告费总额也相同，则看其上一年本市场销售额排名；如仍无法决定，先投广告者先选单。

## 十一、订单违约

企业可以提前交货，但不可以推后。如交货期是3Q，则可以在第1、2、3季度交货，应收账款的账期从实际交货季开始算起。如果企业超过交货期仍未交货，则视为违约。违约金按该订单销售额的25%收取，在年末时扣除，违约金计入综合管理费用中的其他项。

## 十二、出现小数的处理规则

违约金扣除——向下取整；库存拍卖所得现金——向下取整；贴现费用——向上取整；扣税——向下取整。

## 十三、特殊费用项目

库存折价拍卖、生产线变卖、紧急采购、订单违约、增减资（增资计入损失，为负）操作计入其他损失。

### 十四、市场预测

实际选单从第2年起，市场预测中第1年的需求量及价格数据仅起到占位作用，实际有效预测数据从第2年开始。

### 十五、破产标准

当企业所有者权益小于零（资不抵债）、现金断流时，系统视为破产。

# 附录2　"新商战"本科组规则

## 一、生产线投资规则（见表附2-1）

表附2-1　　　　　　　　　　　生产线投资规则

| 名称 | 投资总额 | 每季投资额 | 安装周期 | 生产周期 | 总转产费用 | 转产周期 | 维修费 | 残值 | 折旧费 | 折旧时间 | 分值 |
|------|------|------|------|------|------|------|------|------|------|------|------|
| 超级手工生产线 | 35W | 35W | 0 | 2Q | 0 | 0 | 5W/年 | 5W | 10W | 3年 | 0 |
| 自动生产线 | 150W | 50W | 3Q | 1Q | 20W | 1Q | 20W/年 | 30W | 30W | 4年 | 8 |
| 柔性生产线 | 200W | 50W | 4Q | 1Q | 0W | 0 | 20W/年 | 40W | 40W | 4年 | 10 |
| 租赁生产线 | 0 | 0 | 0 | 1Q | 20W | 1Q | 65W/年 | -75W | 0W | 0 | 0 |

注：（1）安装周期为0，表示即买即用。（2）计算投资总额时，若安装周期为0，则按1算。（3）不论何时出售生产线，价格均为残值，净值与残值之差计入损失。（4）只有空闲的生产线方可转产。（5）当年建成的生产线要交维修费。（6）折旧（平均年限法）：建成当年不计提折旧。

## 二、生产线折旧规则（见表附2-2）

表附2-2　　　　　　　　　　　生产线折旧规则

| 生产线 | 购置费 | 残值 | 建成第1年 | 建成第2年 | 建成第3年 | 建成第4年 | 建成第5年 | 建成第6年 |
|------|------|------|------|------|------|------|------|------|
| 超级手工生产线 | 35W | 5W | 0 | 10W | 10W | 10W | | |
| 自动生产线 | 150W | 30W | 0 | 30W | 30W | 30W | 30W | |
| 柔性生产线 | 200W | 40W | 0 | 40W | 40W | 40W | 40W | 40W |
| 租赁生产线 | 0 | -65W | 0 | 0 | 0 | 0 | 0 | 0 |

## 三、融资规则（见表附2-3）

表附2-3　　　　　　　　　　　　　融资规则

| 贷款类型 | 贷款时间 | 贷款额度 | 年息 | 还款方式 | 备注 |
|---|---|---|---|---|---|
| 长期贷款 | 每年年初 | 所有长短期贷款之和不超过上年所有者权益的3倍 | 10.0% | 年初付息，到期还本 | 不小于10W |
| 短期贷款 | 每季度初 | | 5.0% | 到期一次还本付息 | |
| 应收账款贴现 | 任何时间 | 视应收账款额 | 1Q、2Q：10.0% | 变现时贴息 | 贴现各账期分开核算，分开计息 |
| | | | 3Q、4Q：12.5% | | |
| 库存拍卖 | | 100.0%（产品），80.0%（原料） | | | |

## 四、厂房投资规则（见表附2-4）

表附2-4　　　　　　　　　　　　　厂房投资规则

| 名称 | 购买价格 | 租金 | 出售价格 | 容量 | 分值 |
|---|---|---|---|---|---|
| 大厂房 | 400W | 40W/年 | 400W | 4条 | 10 |
| 中厂房 | 300W | 30W/年 | 300W | 3条 | 8 |
| 小厂房 | 180W | 18W/年 | 180W | 2条 | 7 |

厂房出售得到账期为4Q的应收账款，紧急情况下可将厂房贴现，直接得到现金。厂房租入满1年后可作租转买、退租等处理，续租系统自动处理。

## 五、市场开拓规则（见表附2-5）

表附2-5　　　　　　　　　　　　　市场开拓规则

| 市场 | 开拓费 | 时间 | 分值 |
|---|---|---|---|
| 本地 | 10W/年 | 1年 | 7 |
| 区域 | 10W/年 | 1年 | 7 |
| 国内 | 10W/年 | 2年 | 8 |
| 亚洲 | 10W/年 | 3年 | 9 |
| 国际 | 10W/年 | 4年 | 10 |

注：开拓费按开拓时间在年末支付，不允许加速投资，但可以中断投资。市场开拓完成后，可领取相应的市场准入证。

## 六、ISO资格认证规则（见表附2-6）

表附2-6　　　　　　　　　　　　　ISO资格认证规则

| 名称 | 开发费 | 开发时间 | 分值 |
|---|---|---|---|
| ISO9000 | 10W/年 | 2年 | 8 |
| ISO14000 | 20W/年 | 2年 | 10 |

注：开发费按开发时间在年末支付，不允许加速投资，但可以中断投资。认证完成后，可以领取相应的ISO资格证。

## 七、产品研发规则（见表附2-7）

表附2-7　　　　　　　　　　　**产品研发规则**

| 名称 | 开发费 | 开发时间 | 加工费 | 直接成本 | 产品组成 | 分值 |
|------|--------|----------|--------|----------|----------|------|
| P1 | 10W/Q | 2Q | 10W | 20W | R1 | 7 |
| P2 | 10W/Q | 3Q | 10W | 30W | R2+R3 | 8 |
| P3 | 10W/Q | 4Q | 10W | 40W | R1+R3+R4 | 9 |
| P4 | 10W/Q | 5Q | 10W | 50W | P1+R3+R4 | 10 |
| P5 | 10W/Q | 5Q | 10W | 60W | P2+R2+R5 | 11 |

注：开发费在季末支付，不允许加速投资，但可以中断投资。

## 八、原料采购规则（见表附2-8）

表附2-8　　　　　　　　　　　**原料采购规则**

| 名称 | 购买单价 | 提前期 |
|------|----------|--------|
| R1 | 10W | 1Q |
| R2 | 10W | 1Q |
| R3 | 10W | 2Q |
| R4 | 10W | 2Q |
| R5 | 10W | 2Q |

## 九、其他说明

1.紧急采购，付款即到货。原材料价格为正常价格的2倍，产成品价格为直接成本的3倍。

2.选单规则。首先上年本市场销售额最高（无违约）者优先；其次看本市场本产品广告费；再看本市场广告费总额；最后看市场销售排名；如仍无法决定，先投广告者先选单。

3.破产标准。现金断流或所有者权益为负。

4.第1年无订单。

5.交货可提前，不可推后，违约收回订单。

6.违约金扣除——四舍五入；库存拍卖所得现金——向下取整；贴现费用——向上取整；扣税——四舍五入；长短期贷款利息——四舍五入。

7.库存折价拍价、生产线变卖、紧急采购、订单违约计入损失。

8.排行榜记分标准：

总成绩=所有者权益×（1+企业综合发展潜力/100）

企业综合发展潜力=市场资格分值+ISO资格分值+生产资格分值+厂房分值+各条生产线分值

生产线建成（包括转产）即加分，无须生产出产品，也无须有在产品。

## 十、重要参数（见表附2-9）

表附2-9　　　　　　　　　　重要参数

| 违约金比例 | 20.0% | 贷款倍数 | 3倍 |
|---|---|---|---|
| 产品折价率 | 100.0% | 原料折价率 | 80.0% |
| 长期贷款利率 | 10.0% | 短期贷款利率 | 5.0% |
| 1Q、2Q贴现率 | 10.0% | 3Q、4Q贴现率 | 12.5% |
| 初始现金 | 600W | 管理费 | 10W |
| 信息费 | 1W | 所得税税率 | 25.0% |
| 最长贷款年限 | 5年 | 最小得单广告费 | 10W |
| 原料紧急采购倍数 | 2倍 | 产成品紧急采购倍数 | 3倍 |
| 选单时间 | 45秒 | 首位选单补时 | 15秒 |
| 市场同开数量 | 2 | 市场"老大" | 有 |
| 竞单时间 | 90秒 | 竞单同竞数 | 3 |
| 最大厂房数量 | 4个 | | |

# 附录3　本科订单规则（6~8组）市场预测表

## 一、市场预测表——均价（见表附3-1）

表附3-1　　　　　　　　　　市场预测表——均价

| 序号 | 年份 | 产品 | 本地 | 区域 | 国内 | 亚洲 | 国际 |
|---|---|---|---|---|---|---|---|
| 1 | 第2年 | P1 | 50.82 | 51.44 | 0 | 0 | 0 |
| 2 | 第2年 | P2 | 71.52 | 68.05 | 0 | 0 | 0 |
| 3 | 第2年 | P3 | 90.00 | 92.40 | 0 | 0 | 0 |
| 4 | 第2年 | P4 | 101.11 | 112.38 | 0 | 0 | 0 |
| 5 | 第3年 | P1 | 50.69 | 53.53 | 50.94 | 0 | 0 |
| 6 | 第3年 | P2 | 71.65 | 72.00 | 71.70 | 0 | 0 |
| 7 | 第3年 | P3 | 90.67 | 91.41 | 93.37 | 0 | 0 |
| 8 | 第3年 | P4 | 115.50 | 106.22 | 103.30 | 0 | 0 |
| 9 | 第4年 | P1 | 53.44 | 51.64 | 50.69 | 49.79 | 0 |
| 10 | 第4年 | P2 | 73.40 | 71.11 | 72.45 | 71.81 | 0 |
| 11 | 第4年 | P3 | 92.55 | 89.69 | 91.86 | 92.27 | 0 |
| 12 | 第4年 | P4 | 106.10 | 105.75 | 104.11 | 107.27 | 0 |
| 13 | 第5年 | P1 | 48.39 | 52.22 | 51.69 | 49.50 | 51.06 |
| 14 | 第5年 | P2 | 73.00 | 74.25 | 71.65 | 70.00 | 68.19 |
| 15 | 第5年 | P3 | 89.27 | 89.47 | 91.23 | 90.31 | 90.16 |
| 16 | 第5年 | P4 | 121.11 | 119.78 | 124.17 | 124.41 | 130.73 |
| 17 | 第6年 | P1 | 48.92 | 50.69 | 50.24 | 49.38 | 17.42 |
| 18 | 第6年 | P2 | 72.35 | 70.67 | 72.46 | 70.83 | 74.47 |
| 19 | 第6年 | P3 | 89.15 | 90.21 | 89.79 | 94.13 | 94.50 |
| 20 | 第6年 | P4 | 107.57 | 105.50 | 109.64 | 105.62 | 0 |

## 二、市场预测表——需求量（见表附3-2）

表附3-2　　　　　　　　　　　　市场预测表——需求量

| 序号 | 年份 | 产品 | 本地 | 区域 | 国内 | 亚洲 | 国际 |
|---|---|---|---|---|---|---|---|
| 1 | 第2年 | P1 | 17 | 18 | 0 | 0 | 0 |
| 2 | 第2年 | P2 | 25 | 22 | 0 | 0 | 0 |
| 3 | 第2年 | P3 | 14 | 15 | 0 | 0 | 0 |
| 4 | 第2年 | P4 | 18 | 13 | 0 | 0 | 0 |
| 5 | 第3年 | P1 | 16 | 15 | 18 | 0 | 0 |
| 6 | 第3年 | P2 | 17 | 15 | 23 | 0 | 0 |
| 7 | 第3年 | P3 | 18 | 17 | 19 | 0 | 0 |
| 8 | 第3年 | P4 | 14 | 9 | 23 | 0 | 0 |
| 9 | 第4年 | P1 | 18 | 14 | 16 | 14 | 0 |
| 10 | 第4年 | P2 | 10 | 27 | 20 | 21 | 0 |
| 11 | 第4年 | P3 | 20 | 16 | 14 | 15 | 0 |
| 12 | 第4年 | P4 | 21 | 16 | 18 | 15 | 0 |
| 13 | 第5年 | P1 | 18 | 18 | 13 | 22 | 18 |
| 14 | 第5年 | P2 | 15 | 16 | 17 | 13 | 16 |
| 15 | 第5年 | P3 | 15 | 15 | 13 | 13 | 19 |
| 16 | 第5年 | P4 | 18 | 9 | 12 | 17 | 15 |
| 17 | 第6年 | P1 | 12 | 13 | 17 | 16 | 50 |
| 18 | 第6年 | P2 | 23 | 18 | 26 | 18 | 15 |
| 19 | 第6年 | P3 | 13 | 19 | 14 | 15 | 4 |
| 20 | 第6年 | P4 | 23 | 14 | 11 | 21 | 0 |

## 三、市场预测表——订单数量（见表附3-3）

表附3-3　　　　　　　　　　　　市场预测表——订单数量

| 序号 | 年份 | 产品 | 本地 | 区域 | 国内 | 亚洲 | 国际 |
|---|---|---|---|---|---|---|---|
| 1 | 第2年 | P1 | 8 | 7 | 0 | 0 | 0 |
| 2 | 第2年 | P2 | 7 | 7 | 0 | 0 | 0 |
| 3 | 第2年 | P3 | 6 | 7 | 0 | 0 | 0 |
| 4 | 第2年 | P4 | 7 | 4 | 0 | 0 | 0 |
| 5 | 第3年 | P1 | 8 | 6 | 7 | 0 | 0 |
| 6 | 第3年 | P2 | 7 | 7 | 9 | 0 | 0 |
| 7 | 第3年 | P3 | 8 | 6 | 8 | 0 | 0 |
| 8 | 第3年 | P4 | 7 | 4 | 7 | 0 | 0 |
| 9 | 第4年 | P1 | 7 | 6 | 7 | 6 | 0 |
| 10 | 第4年 | P2 | 6 | 9 | 7 | 9 | 0 |
| 11 | 第4年 | P3 | 8 | 7 | 8 | 7 | 0 |
| 12 | 第4年 | P4 | 8 | 7 | 6 | 8 | 0 |
| 13 | 第5年 | P1 | 7 | 5 | 5 | 7 | 7 |
| 14 | 第5年 | P2 | 6 | 7 | 8 | 6 | 5 |
| 15 | 第5年 | P3 | 6 | 5 | 6 | 7 | 7 |
| 16 | 第5年 | P4 | 7 | 5 | 5 | 6 | 5 |
| 17 | 第6年 | P1 | 5 | 6 | 6 | 6 | 15 |
| 18 | 第6年 | P2 | 8 | 6 | 8 | 6 | 6 |
| 19 | 第6年 | P3 | 5 | 8 | 8 | 7 | 3 |
| 20 | 第6年 | P4 | 8 | 6 | 6 | 6 | 0 |

# 主要参考文献

［1］刘平．用友ERP企业经营沙盘模拟实训手册［M］．6版．大连：东北财经大学出版社，2020．

［2］张占军，徐利飞．企业新商战沙盘实训教程［M］．大连：东北财经大学出版社，2016．

［3］何晓岚．ERP沙盘模拟实用教程（实物+电子）［M］．3版．北京：北京航空航天大学出版社，2019．

［4］陈明，张健．ERP沙盘模拟实训教程［M］．北京：化学工业出版社，2009．

［5］王新玲，郑文昭，马雪文．ERP沙盘模拟高级指导教程［M］．3版．北京：清华大学出版社，2020．

［6］樊晓琪．ERP沙盘实训教程及比赛全攻略［M］．上海：立信会计出版社，2009．